MA VIE
EST
UN TRÉSOR

Ce document est conforme aux normes fixées
par la Conférence épiscopale française
et approuvées par le Saint Siège (« texte de référence »).

Nihil obstat,
Gilles Chaillot, censeur délégué

Imprimatur,
Lyon, le 4 Avril 1997
Mgr Jean Balland, Archevêque de Lyon

La Diffusion Catéchistique - Lyon

MA VIE EST UN TRÉSOR

Editions Tardy

Auteurs

La Diffusion Catéchistique - Lyon

Catherine Aubenas-Girin

Marie-Françoise Charvet-Quemin

Marie-Madeleine Culem

Jean Delarra o.p.

Fabienne Duplany

Marie-Aymée Fontaine

Florence Gombault

Jeanine Magne

Marie Monnoyeur

Marie-Noëlle Perrin

Avec la collaboration de

Pierre Berger

Conception visuelle et mise en page

Atelier Bruno Le Sourd

SOMMAIRE

Tu viens d'ouvrir le livre
que nous avons écrit pour toi.
Il éclate de couleurs et de mots,
de chansons et d'histoires.

Mais la plus belle histoire,
c'est celle que tu vivras
en découvrant que Jésus est ton ami.
Alors, avec lui, tu diras :

Ma vie est un Trésor.

Je grandis,

bravo la vie

le petit Léonard et le grand Léopold

Léonard est quelqu'un de très petit, si bien que dans le village où il habite, depuis peu de temps, les gens ne peuvent s'empêcher de le traiter comme un bébé. Quand il va acheter son magazine sur les jardins, le marchand de journaux lui dit en rigolant :

– Hé, Léonard, prends plutôt des caramels, ils sont juste à ta hauteur !
Ce qui, bien sûr, fait rire tout le monde. Quand il veut participer aux conversations des grands, on le repousse gentiment :
– C'est pas pour toi, Léonard, tu vas faire des cauchemars !
Ce qui, bien sûr, fait rire tout le monde. Même quand il s'apprête à traverser une rue, les dames se moquent de lui gentiment :
– Donne-nous la main, Léonard ! On va t'aider à traverser !
Ce qui, bien sûr, fait rire tout le monde, mais énerve beaucoup Léonard. Chaque fois il répond poliment :
– Veuillez m'excuser, je suis petit, il est vrai, car je n'ai pas grandi, mais je ne suis pas un bébé !
Les gens ne l'écoutent même pas. Il y en a un qui énerve Léonard plus que tout, c'est le grand Léopold qui lui dit tout le temps :
– Salut Léonard ! Pas pipi au lit, aujourd'hui ?
Alors Léonard lui répond du tac au tac :
– Et toi, tu t'es fait gronder ? T'as eu ta fessée ?

C'est que le grand Léopold n'aime pas beaucoup travailler. Ce qu'il préfère, c'est jouer aux cartes toute la journée. Sa mère vient souvent le chercher :
– Léopold, tu n'es qu'un enfant, tu ne penses qu'à jouer ! Viens travailler ! Alors Léopold se lève et il va à son travail. Cela fait beaucoup rire Léonard. N'empêche que Léonard attend patiemment le jour où il prouvera à tous ces villageois à quel point il est grand, et même bien plus grand que ce grand Léopold !

En attendant, Léonard habite un peu en dehors du village, dans une maisonnette entourée de fleurs. Car Léonard cultive les fleurs, et son plus grand plaisir, c'est justement de les voir grandir. Personne ne vient chez lui. Sauf Lilette, le mercredi. Lilette est la petite fille muette de la marchande de fruits. Il la voit arriver, bien droite sur son poney qui va au pas. Elle s'assoit sur le mur du jardin, et pendant des heures, elle regarde Léonard qui arrose

ses fleurs, les plante, leur parle, remet de la terre, coupe les mauvaises herbes. Parfois, elle bat des mains quand une fleur s'ouvre. Alors Léonard hoche la tête tristement et lui dit :
– Vois le travail qu'il faut pour que cette fleur s'épanouisse. Et dire qu'on me traite comme un bébé !
Lilette joint les mains en levant les yeux au ciel, et elle sourit à Léonard. Puis quand le soleil commence à descendre derrière les montagnes, Lilette s'en va.

Un matin, Léonard voit de grandes affiches au village et dessus il est écrit :
Grand concours
de la maison la plus joliment fleurie.
Léonard sait tout de suite qu'il peut gagner et montrer à tous de quoi il est capable. Les jours suivants, il n'arrête pas une minute : il plante, cultive, arrose, sarcle, arrache les mauvaises herbes,

fait des bouquets, met en pot,
et arrange les fleurs suivant
leur couleur. Puis c'est le jour
du grand concours. Léonard
met son plus bel habit, et il se r
au village. Il inscrit son nom sur l'affiche,
mais le marchand de journaux lui dit :
– Non, Léonard, ce n'est pas un jeu,
c'est sérieux. C'est pour ceux qui
savent jardiner !
Et il le repousse presque méchamment.
Léonard se met à crier :
– Je sais jardiner ! Je veux participer !
A ce moment, le grand Léopold passe :
– Oh, le vilain, dit-il. Il fait sa colère,
le bébé ?
Alors Léonard sent un cri monter en lui,
et enfler jusqu'à l'empêcher de respirer.
Soudain il a envie de cogner...
Mais à ce moment-là une petite main
se blottit dans la sienne.
C'est Lilette.
Elle l'entraîne sur la place
du village, juste devant

sa maison, pour que
Léonard voit son jardin :
– Oh, on dirait le jardin
d'une poupée, avec
des arbres minuscules
et des fleurs de toutes les couleurs,
bien rangées comme des petits soldats.
Tous les villageois sont d'accord :
c'est la maison la plus joliment fleurie.
Alors la maman de Lilette fait un discours :
– Oh, je vous remercie, mais je n'y suis
pour rien. C'est Lilette qui a tout fait !
Je ne sais même pas où elle a appris
à jardiner...
Lilette montre Léonard du doigt et sa
maman traduit :
– Lilette dit que c'est Léonard
qui lui a appris...
Bien sûr, tous les villageois s'esclaffent,
alors Lilette monte sur son poney
et la maman traduit :
– Lilette veut vous montrer quelque chose.
Curieux, les villageois suivent Lilette.
Ils traversent la forêt et au bout

10

d'un sentier, ils aperçoivent pour la première fois la maison de Léonard, et son jardin, où d'étranges fleurs se mélangent à de plus petites dans un bouquet de magnifiques couleurs. De grandes gerbes de roses tombent comme l'eau des fontaines, et des allées de lupins accueillent les visiteurs. Les villageois s'exclament :

– Qui a pu faire cela ?

– On dirait le parc d'un roi.

Alors Léonard entre fièrement dans son jardin et, devant tout le monde, il fait ce qu'il a l'habitude de faire : il jardine. Si petit soit-il, ses gestes sont adroits, si précis et si doux à la fois que les villageois restent un moment à le regarder. Puis le marchand de journaux dit simplement :

– Quel merveilleux jardin ! Sans aucun doute, c'est Léonard qui a gagné !

Tout le monde applaudit, et Léonard peut enfin faire son discours :

– Il est vrai, dit-il, que mon corps n'a pas beaucoup grandi ! Mais ma tête et mon cœur sont grands et... Personne n'entendit la suite, car les villageois portèrent Léonard en triomphe. La fanfare joua son air le plus joyeux et Lilette dansa devant.

Le plus étonné fut le grand Léopold. Il ne fit pas la fête ce jour-là, il resta dans le jardin de Léonard. On raconte que le lendemain, il retourna le voir chez lui. Lilette était là, assise sur le mur du jardin. Alors le grand Léopold prit sa respiration et il dit à Léonard :

– A voir ce que vous avez fait, je sens, ah, je sens que j'aimerais jardiner ! C'est le seul travail qui me plaise ! Si seulement quelqu'un voulait m'apprendre... Léonard lui fit un clin d'œil et il répondit :

– Qui se serait douté qu'un petit comme moi apprendrait quelque chose à un grand gaillard comme toi ?

Lilette sourit à Léonard parce que, elle, depuis longtemps, le savait.

Quand Jésus

D'après Luc 2, 39-52

Au temps de Jésus, la loi religieuse demande aux Juifs d'aller en pèlerinage au Temple de Jérusalem pour les grandes fêtes. En arrivant, les pèlerins qui montent à Jérusalem découvrent une ville toute blanche, perchée en haut de la colline. Une immense foule se presse autour du Temple. Selon la coutume, chacun vient prier, participer aux cérémonies, offrir un pain, une colombe, un agneau pour remercier Dieu. La fête dure plusieurs jours.

Joseph et Marie, les parents de Jésus habitent le petit village de Nazareth, en Galilée. Marie apprend à son fils les gestes de la vie quotidienne. Joseph est charpentier. Souvent, Jésus l'aide à tailler de belles poutres dans l'atelier. Comme dans beaucoup de familles juives, ensemble ils écoutent les récits de la Bible et ils prient. Jésus grandit comme tous les enfants de son pays.

était enfant

L'année de ses douze ans, Jésus accompagne ses parents en pèlerinage à Jérusalem. Le voyage est long, mais on discute, on prie et on chante le long du chemin. Au Temple, quelles belles fêtes ! Au retour, Joseph et Marie marchent toute la journée avec d'autres pèlerins. Le soir tombe. – « Où donc est Jésus ? » – « Je croyais qu'il était avec vous ! » – « Quelqu'un l'a-t-il vu ? » Inquiets, Marie et Joseph repartent à Jérusalem. Ils sont fatigués mais ils courent vers le temple.

Ils entrent et trouvent Jésus au milieu des docteurs de la Loi. Jésus les écoute et discute avec eux. Marie et Joseph sont étonnés. Pourtant, c'est bien Jésus, leur fils, qui fait l'admiration des savants par ses réponses. – « Mon enfant, pourquoi nous as-tu fait cela ? » – « Pourquoi me cherchiez-vous ? Ne savez-vous pas qu'il me faut être chez mon Père ? » Puis il rentre avec eux à Nazareth.

14

Je grandis.
Je me débrouille tout seul.
A ma façon.
Bravo la vie !

Je grandis.
C'est difficile, j'essaie et je réussis.
Je suis heureux.
Bravo la vie !

Je grandis.
Je cherche, je découvre.
Quelle aventure.
Bravo la vie !

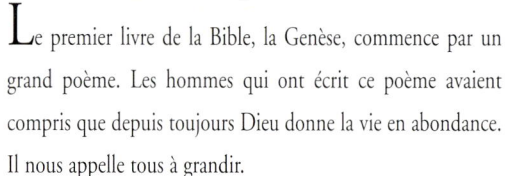

Seigneur,
tu aimes
quand
je grandis

Le premier livre de la Bible, la Genèse, commence par un grand poème. Les hommes qui ont écrit ce poème avaient compris que depuis toujours Dieu donne la vie en abondance. Il nous appelle tous à grandir.

« Dieu créa l'homme
à son image,
à l'image de Dieu,
il le créa :
homme et femme
il les créa. »

Genèse 1, 27

Parfois grand.
Parfois petit.
C'est dur de vivre comme des grands.

Maman me dit.
Papa me dit.
Et moi, qu'est-ce que je dis ?

J'ai dans mon corps,
j'ai dans ma tête,
j'ai dans mon cœur,
plein de force pour grandir.

Parfois grand.
Parfois petit.
Seigneur, tu m'aimes comme je suis.

Parfois grand.
Parfois petit.
Seigneur, tu aimes quand je grandis.

le sais-tu ?

Quand grandit-on ?

C'est la nuit, pendant qu'on dort, que le corps grandit. La journée, on est très occupé à faire grandir son cœur et son intelligence.

Quelques chiffres

Les cheveux grandissent de deux centimètres par mois, pendant toute la vie ; les ongles de trois millimètres.

Les sacrements pour grandir avec Jésus

Ceux qui aiment Jésus n'ont jamais fini de grandir avec lui.

Stéphanie a ton âge. Elle est heureuse de se sentir grandir. Elle grandit dans son corps qui devient plus fort et plus habile. Elle grandit dans sa tête : à l'école, elle fait des choses plus difficiles. Elle grandit dans son cœur : elle a de plus en plus de joie à être avec d'autres.

Elle aime quand ses parents lui parlent comme à une grande. Il y a peu de temps, Stéphanie a participé au baptême de Quentin, son petit cousin.

Le baptême est un sacrement : c'est comme un bain qui nous fait naître à la vie de Dieu avec Jésus. Il est le signe de l'amour de Dieu et de la foi que nous mettons en lui.

Stéphanie sait déjà qu'il est bon de se réconcilier quand on est fâché. Avec ses copains du caté, elle découvrira le sacrement de réconciliation. Il est le signe que Dieu pardonne toujours quand on lui ouvre son cœur.

En allant à l'école, Stéphanie passe devant l'église de son quartier. Les chrétiens s'y rassemblent pour la messe. A l'eucharistie, ils se nourrissent de la Parole de Dieu et partagent le pain de Vie, le Corps du Christ. Cela les aide à ressembler à Jésus dans leur vie de tous les jours.

Le Seigneur fortifie notre amour pour les autres et nous rend capables de progresser et de grandir. Tout au long de leur vie, les chrétiens sont invités aux sacrements qui font grandir : oui, l'Esprit de Dieu nous fait grandir avec Jésus.

Y a-t-il des enfants dans la Bible ?

Dans le livre de la Bible, on ne parle pas que de grandes personnes ! Regarde dans ton livre page 92, on y voit Samuel, un enfant qui habite dans le Temple.

Au temps de Jésus, on ne s'occupait pas des enfants autant qu'aujourd'hui. Mais pour Jésus, les enfants sont importants. Une fois même, il se fâche quand ses amis veulent repousser des enfants pour les empêcher de l'approcher !

Un enfant juif au temps de Jésus

Bonjour, je m'appelle Joachim. J'habite le petit village de Nazareth en Galilée. C'est un village perché en haut d'une belle colline. Les maisons ressemblent à de gros cubes blancs. Le soir, j'aime bien monter sur la terrasse.

Mon père est paysan comme beaucoup d'habitants du village : il cultive la terre et élève des moutons.

Toute ma famille prie le matin et le soir, et aussi avant les repas. Papa dit que tout est occasion de se tourner vers Dieu pour lui dire merci ou demander son aide.

Le septième jour de la semaine, c'est le shabbat : personne ne travaille. Ce jour-là, on se rappelle que Dieu conduit notre vie par son amour comme le raconte le premier livre de la Bible, la Genèse ; mon père va à la synagogue, la maison de prière des juifs.

Aujourd'hui, c'est Simon qui va chercher les rouleaux de la Torah. C'est la Parole de Dieu que l'on écoute attentivement. Moi, c'est aussi à la synagogue que je vais à l'école. J'y apprends à lire et à mieux connaître Dieu.

L'année prochaine, quand j'aurai douze ans, il y aura une grande fête pour moi. Et après j'aurai le droit de lire la Bible à la synagogue, comme Simon !

Cette année, je retournerai au Temple de Jérusalem pour le pèlerinage. Il faut beaucoup marcher mais on rencontre plein de gens sur la route. L'année dernière, je me suis fait un copain. On se reverra peut-être cette année !

Tim a beaucoup grandi

Il est trop petit, on le donnera à Kévin.

Je suis sûre qu'il ira à Sébastien.

Ces chaussures rendront service à Marco.

Comme il grandit en ce moment !

Quand on grandit, on est obligé d'avoir des vêtements tout neufs.

Tous

ensemble

Le Cirque bizarre de Zanzibar

Je vais vous raconter l'histoire bizarre du Cirque de Zanzibar. L'année dernière, la maîtresse nous a dit :
– Demain toute la classe ira voir le Cirque de Zanzibar.
Quelle fête dans nos têtes ! Un cirque, c'est magique !

Le lendemain, nous marchons bien en rang jusqu'au chapiteau. Quoi ? Les lions, les phoques et les éléphants n'étaient plus dans leurs cages. Bizarre... Ils se reposaient au soleil, bien sages, sur le parking. Plus bizarre encore, les dompteurs, les clowns et les magiciens faisaient la queue pour acheter des billets. Quand ils nous ont vu arriver, ils ont crié :

– Les voilà, les voilà... Enfin ! On va bien s'amuser !
Bizarre... Impossible d'entrer sous le chapiteau. Alors notre classe se précipite par les coulisses.
Là, le directeur nous crie :
– N'allez pas plus loin ! C'est vous qui faites le spectacle aujourd'hui !
Bizarre... Lulu rouspète :
– C'est pas du jeu, on a payé, c'est à nous de regarder.
Et il est parti bouder dans un coin. Mimi, au bord des larmes, ajoute :
– Je ne sais rien faire,
et elle se met à pleurer.
Bertrand tout de suite passe devant :
– Je veux être dompteur.
– Non, c'est moi ! a crié Fifi.
Et ils se sont disputés.

Le spectacle était bien mal parti... De plus en plus bizarre... La bagarre se généralise. Le directeur intervient :
– Le spectacle va bientôt commencer. Il faut vite vous habiller et vous grimer. Le clown, qui a vu de loin la pagaille, sort du rang et s'approche de nous.
– Le clown ! Le clown ! Il vient nous aider !

Chacun s'avance. D'abord Lulu, le fort en calcul. Le clown nous a demandé ce qu'il savait faire. Nous, on a dit : `
– Il est très fort pour compter. 1, 2, 3, et cent, et mille.
Le clown a souri à Lulu :
– Lulu, veux-tu bien être chef d'orchestre, pour compter la mesure, 1, 2, 3, et cent et mille ?
Lulu a dit oui, il était ravi. Le clown a maquillé Lulu, avec une moustache pointue, et un costume de lumière, rouge avec des épaulettes, sans oublier la baguette. On y est tous passé. Fifi, le roi des blagues et des tours, avec un chapeau noir de prestidigitateur. Mimi, toute timide, s'approche, ses amis la poussent en avant. Elle a séché ses larmes, et elle a dit :
– Moi, je veux bien être déguisée en Colombine, si Julien est mon Pierrot. Julien est devenu tout rouge, mais il a dit oui, parce qu'il aime bien Mimi. Tout habillés de blanc, avec une collerette, ils ont répété la scène où Pierrot offre à Colombine une sucette en forme de cœur pour la consoler.

Quant à Bertrand, le meilleur en gym, couvert de paillettes argentées, il est monté sur le trapèze pour essayer de s'y pendre par les pieds. Lucie lançait des cerceaux qu'il devait rattraper.

A la fin, toute la classe avait un rôle dans le spectacle, chacun à son tour. Il était temps, car le public s'impatientait, et tapait des mains très fort, pour nous appeler.

Les projecteurs allumés, Lulu a levé sa baguette, et la musique a rempli le chapiteau. Quelle fête ! Quelle parade ! Les numéros s'enchaînaient sous les applaudissements.
Mimi et Julien nous ont fait rire, Bertrand et Lucie nous ont fait trembler.

Les gens du cirque, sur les gradins, battaient des mains. Même les phoques applaudissaient ! Ils nous ont dit, plus tard, qu'ils n'avaient jamais passé une aussi bonne journée au cirque bizarre de Zanzibar.

Et nous aussi !

Quand Jésus

Pour annoncer la Bonne Nouvelle de Dieu aux gens des villes et des villages de son pays, Jésus appelle des hommes pour qu'ils soient ses amis. En partageant sa vie, le groupe des Douze apprend à le connaître, à connaître Dieu, et à prier. Ils rencontrent beaucoup de gens partout où Jésus les envoie.

D'après Marc 1, 16-20 et 3, 13-18

Un jour Jésus passe au bord du lac de Galilée. Il voit deux frères, Simon et André qui pêchent. Jésus leur dit : « Venez avec moi. Je ferai de vous des pêcheurs d'hommes. » Ils laissent leurs filets et l'accompagnent.

Un peu plus loin, il voit Jacques et Jean. Ils sont dans leur barque avec leur père Zébédée. Ils réparent leurs filets. Jésus les appelle, et ils le suivent.

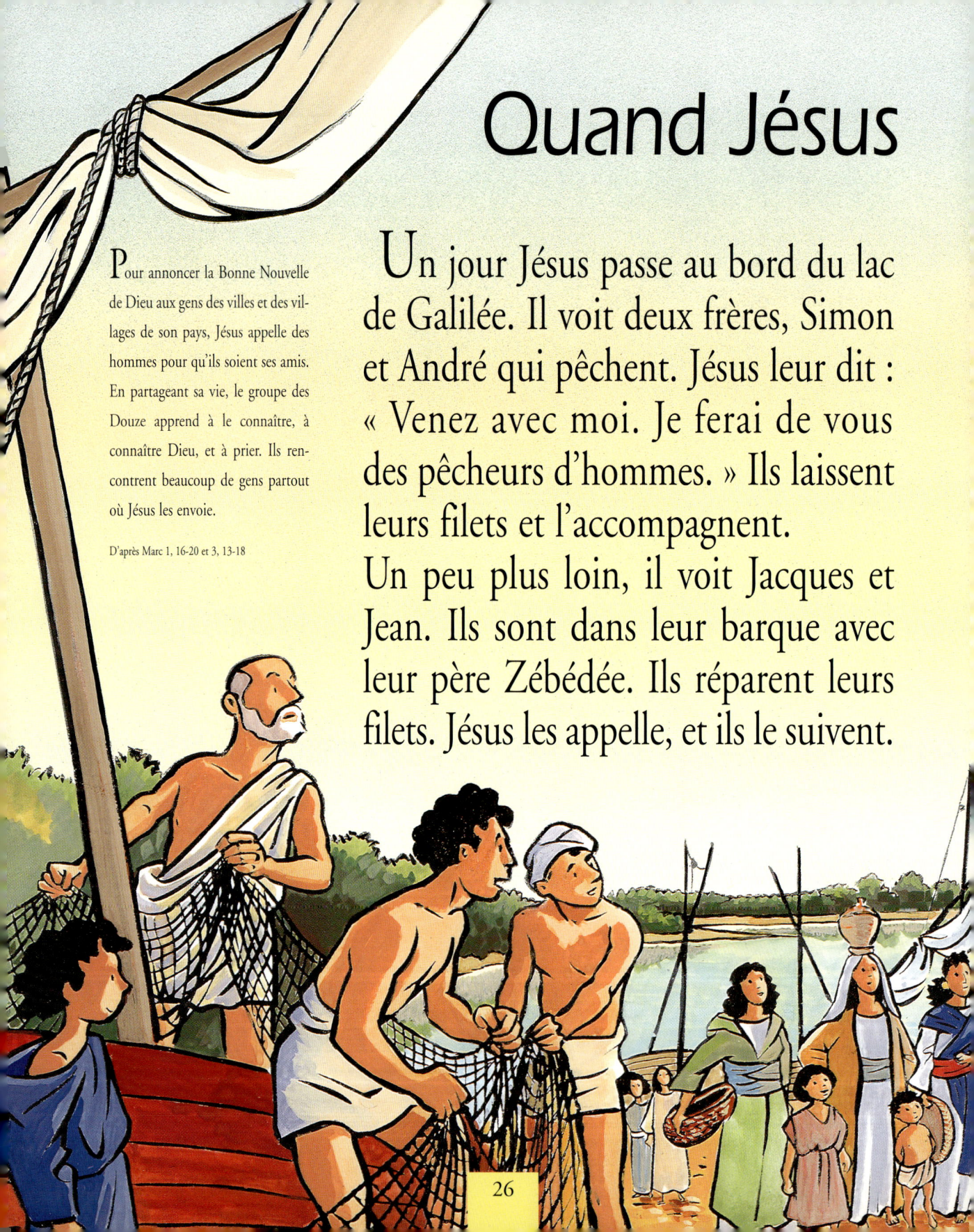

appelle ses disciples

Un peu plus tard, Jésus aperçoit Matthieu, un collecteur d'impôts, assis à son bureau. Il lui parle et Matthieu part avec lui. Beaucoup de gens suivent Jésus pour l'écouter. Un matin, après avoir prié toute la nuit, Jésus en choisit douze pour être ses compagnons et pour annoncer la Bonne Nouvelle.

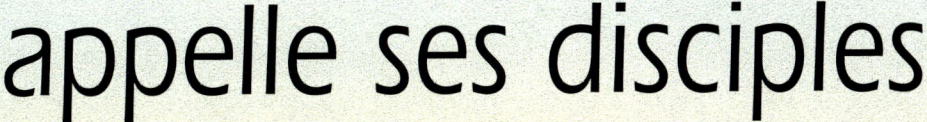

Voici les noms des douze apôtres :
Simon, à qui Jésus donne le nom
de Pierre qui veut dire « roc »,
Jacques et Jean qu'il surnomme
« fils du tonnerre », André, Philippe,
Barthélemy, Matthieu, Thomas,
Jacques fils d'Alphée, Thaddée,
Simon le Zélote et Judas Iscariote.

Lulu fort en calcul
Fifi le roi des blagues
Mimi la plus timide
On est tous différents
Mais ensemble pourtant.

Toi tu sais peindre et raconter
Moi j'aime rire et compter
On se retrouve dans la cour de l'école
En équipe ou au club
On est tous différents
Mais ensemble pourtant.

Il y a longtemps en Galilée
Jésus a appelé
Douze amis pour l'accompagner
Aujourd'hui il nous appelle aussi
A marcher avec lui
Tous différents
Mais ensemble pourtant.

Jésus, tu nous dis de nous aimer

Avant de quitter ses amis, Jésus prend le temps de parler avec eux. Il leur confie des paroles de vie qui leur permettront de rester ses amis même quand il ne sera plus là. Ces paroles sont aussi pour nous aujourd'hui.

« Aimez-vous
les uns les autres
comme je vous ai aimés.
Je vous ai dit cela
pour que ma joie
soit en vous
et que votre joie
soit parfaite. »

D'après Jean 15

30

Je me suis fâchée
Avec ma meilleure amie
Jésus, je te dis ma tristesse.

Comme c'est difficile d'aimer
Quand on s'est disputé.

La maîtresse nous a expliqué
Qu'un nouveau va venir demain
J'espère qu'on sera copain.

Comme c'est difficile d'aimer
Quand on est différent.

Jésus, apprends-moi à aimer
Comme tu nous aimes
Jésus, que ta paix vienne en moi.

le sais-tu ?

Pierre

Avec son frère André, il fait partie des premiers disciples appelés par Jésus. Il était pêcheur mais, quand Jésus l'appelle, il choisit de quitter ses filets pour le suivre. « Pêcheur d'hommes », il rassemble les hommes pour les guider vers le royaume de Dieu. Quand Jésus demande à ses disciples : « Pour vous qui suis-je ? », c'est lui qui répond : « Tu es le Christ, le Fils du Dieu vivant. » Il est prêt à suivre son maître partout. Quand Jésus est arrêté, il le suit de loin. Mais il a peur et crie bien fort qu'il ne connaît pas cet homme. Puis il regrette ce moment de faiblesse. Pourtant Jésus compte sur lui pour « entraîner » son équipe, c'est le début de l'Eglise. (Voir page 48.)

Disciples

Quand Jésus parle, beaucoup tendent l'oreille et se mettent à l'écouter. D'autres ferment leur cœur. « Disciple » est le nom donné à ceux qui décident d'écouter Jésus et de le suivre. A toutes les époques, des gens se sont mis en route.

Aujourd'hui encore, il y a de nouveaux disciples.

Toi aussi, si tu veux.

Royaume de Dieu

Un chef d'état, roi ou président, est obligé d'avoir des soldats pour défendre le pays et des policiers pour faire respecter les lois.

Avec Dieu c'est tout différent. Il n'a besoin ni de soldats ni de policiers pour se faire obéir.

Dans son royaume, il n'y a que des volontaires. C'est un royaume où l'amour règne dans le cœur de tous. C'est pour faire grandir ce royaume que Jésus nous a demandé : « Aimez-vous les uns les autres comme je vous ai aimés. »

Pentecôte

(Voir page 80.)

Cinquante jours après Pâques, les chrétiens célèbrent la Pentecôte. Ils se souviennent du jour où les disciples de Jésus ont reçu la force de Dieu, l'Esprit Saint, comme Jésus le leur avait promis.

Aujourd'hui l'Esprit de Dieu est présent au cœur de chacun.

Notre Père

Notre Père, qui es aux cieux,
que ton Nom soit sanctifié,
que ton règne vienne,
que ta volonté soit faite
sur la terre comme au ciel.
Donne-nous aujourd'hui
notre pain de ce jour.
Pardonne-nous nos offenses
comme nous pardonnons aussi
à ceux qui nous ont offensés.
Et ne nous soumets pas à
la tentation, mais délivre-nous du mal.
Car c'est à toi qu'appartiennent
le règne, la puissance et la gloire,
pour les siècles des siècles !

Toussaint

(Voir page 80.)

Le 1er novembre, c'est la Toussaint : fête de tous les saints. C'est un jour où l'on ne travaille pas. Les saints sont des hommes, des femmes et des enfants comme nous. Comme Jésus, ils ont aimé et servi les autres ; comme lui, ils étaient proches de Dieu leur Père, ils lui ont fait confiance. C'est cela qui les rendait forts et joyeux. Ils peuvent être des exemples pour nous aujourd'hui.

Dans les églises, les chrétiens mettent des statues ou des vitraux qui représentent des saints, comme nous mettons dans notre maison des photos de ceux que nous aimons.

Le jour de la Toussaint et le lendemain, le 2 novembre, beaucoup de gens vont au cimetière. Les chrétiens se souviennent que Dieu aime tous les hommes d'un amour qui ne finit pas, même après la mort.

Mouvements d'enfants

Des enfants, ça bouge tout le temps. C'est pourquoi depuis longtemps, des chrétiens ont eu l'idée de leur proposer de se regrouper pour vivre ensemble des moments forts d'amitié, de joie et de prière et ils ont appelé cela des mouvements. On se met ensemble à faire quelque chose, soit pour s'amuser, soit pour rendre service.

Tu as certainement entendu parler des scouts ou de l'Action Catholique des Enfants (Perlins).

Dans ces mouvements, les enfants apprennent à vivre ensemble, en équipe, et à mieux connaître Jésus.

Prochain

Notre prochain, c'est notre famille, ce sont nos amis, nos voisins.

Nous pouvons être côte à côte et ne pas nous rencontrer. Nous pouvons nous croiser sans nous regarder.

Mais chacun peut aussi devenir « le prochain » de toute personne vers qui il décide d'aller.

Pardon

Vivre ensemble n'est pas toujours facile.

Chacun a ses idées ! Quelquefois la dispute éclate. On n'a plus envie de se parler.

Et puis l'un des deux fait le premier pas et vient dire à l'autre : « J'ai mal agi. Pardon ! Faisons la paix ! » Peu à peu, la confiance revient.

Avec Dieu notre Père, c'est toujours lui qui fait le premier pas, quand nous nous sommes éloignés de lui.

Comme le berger, Dieu va chercher la petite brebis perdue. (Voir page 42.)

Les chrétiens disent devant Dieu : « J'ai péché. »

En pardonnant, Dieu montre à quel point il nous aime. (Voir LES SACREMENTS, page 18.)

Tim et Léa ont besoin d'aide

la maison

La maison des Lipangous

Dilou, le petit Lipangou, s'en allait sur le chemin de la forêt en écrasant les feuilles mortes. Il ne retournerait plus à la maison, ça non ! Il en avait plus qu'assez de la maison des Lipangous !

Dilou ramassa un caillou et le jeta devant lui rageusement. Un vieux corbeau qui sommeillait sur une souche s'envola en croassant :

– Croâ croâ ? De quoi, de quoi ? On aurait dit la voix de grand-père Lipangou quand il piquait une colère. Et cela fit rire Dilou. Il n'entendrait plus jamais grand-père Lipangou crier :
– Corne de bois ! Qui est-ce qui m'a fabriqué un garnement comme ça ?

Dilou était parti, et il ne reviendrait pas, voilà ! Il ne se ferait plus gronder à la place de Kirou et Pikou, ses petits frères jumeaux, qui n'arrêtaient pas de lui casser ses châteaux de coques de noix, de lui mélanger ses collections de feuilles. Et quand Dilou voulait se défendre, les jumeaux poussaient des cris si perçants que maman Lipangou accourait et elle grondait Dilou, qui était grand, lui, et qui faisait pleurer les petits ! Mais c'était fini, tout ça. Dilou était parti.

Grand-mère Lipangou ne l'appellerait plus tout le temps pour venir l'aider à éplucher les châtaignes, à étendre le linge dans le pré, à cueillir les groseilles.

Papa Lipangou ne l'obligerait plus à finir son assiette, à plier sa serviette.

Assez ! Assez ! Assez ! Dilou irait se construire une petite maison bien à lui de l'autre côté de la forêt, et il ferait ce qu'il voudrait, quand il voudrait.

Dilou avait déjà beaucoup marché et il commençait à se sentir fatigué. C'était plus loin qu'il ne pensait, l'autre côté de la forêt ! Il s'assit un instant au bord d'un petit ruisseau qui gambadait sur les cailloux.

– Glou dou glou, glou dou glou ! chantonnait le ruisseau.

Et soudain, dans sa tête, Dilou entendit : Dilou doudou, Dilou doudou ! C'était ce que gazouillait toujours le bébé Nine, sa petite sœur Lipangou, quand Dilou s'approchait de son berceau. Nine ! Soudain Dilou poussa un gros soupir. Elle allait lui manquer, sa petite Nine ! S'il avait pu, Dilou l'aurait emmenée avec lui.

Il lui aurait fabriqué un berceau de fougères, il aurait cueilli pour elle les grosses mûres bien sucrées, il lui aurait fait un hochet de petits cailloux, il...
Mais ce n'était pas possible. Dilou avait beau être déjà grand, il savait bien qu'il ne pouvait pas s'occuper d'un bébé Lipangou comme une maman Lipangou. Si Dilou voulait quitter la maison des Lipangous, c'était tout seul ou pas du tout.

Dilou se remit en route. Le soir tombait. Il fallait trouver un abri avant qu'il ne fasse tout à fait nuit.

Les arbres faisaient maintenant de grandes ombres sur le sol. Dilou frissonna.

La petite lampe d'un ver luisant s'alluma sur une branche et pendant un instant, Dilou se revit assis à la table du dîner, dans la chaude maison des Lipangous, avec autour de lui tous les visages de la famille Lipangou éclairés par la douce lumière des bougies-girolles. Grand-mère Lipangou apportait la soupe de châtaignes qui sentait si bon...

Le ventre de Dilou gargouilla. Il avait faim. C'était un peu dur les châtaignes crues, mais c'était tout de même très bon. Dilou dînait tout seul, bien tranquille, dans sa petite cabane. Demain matin, il repartirait pour aller se construire une vraie maison à lui, de l'autre côté de la forêt.

Dehors, un hibou hulula. Dilou se roula en boule pour dormir. Il avait un peu froid et le sol de mousse n'était pas aussi doux que son matelas en poils de souris, dans la maison des Lipangous.

Mais au moins il était tranquille, sans Kirou et Pikou qui dormaient dans la même chambre que lui et qui n'arrêtaient pas de ricaner, de chuchoter et de sauter dans leurs lits.

Dilou finit par s'endormir et il fit un drôle de rêve :
Les arbres de la forêt s'étaient mis à marcher et ils entouraient l'arbre creux où il dormait. Dilou entendit leurs feuilles chuchoter :
– Le voilà ! C'est lui ! Comme il dort bien ! Le pauvre petit !
Puis les arbres se penchaient et deux branches soulevaient Dilou, deux branches douces qui le berçaient.
Etait-ce la lune qui éclairait le chemin en se balançant comme une lampe ?
Il tomba tout au fond du sommeil, là où il n'y a même plus de rêves.

40

Le lendemain matin, Dilou
se réveilla dans son lit, dans la grande
maison des Lipangous. Il vint s'asseoir
à la table du petit déjeuner en se frottant
les yeux et en se demandant ce qui lui
était arrivé. Kirou et Pikou le regardaient
bouche bée. Puis Kirou demanda :
– C'est vrai que tu as dormi tout seul
dans la forêt ?
– Ouais ! répondit Dilou.
Pikou demanda :
– Et tu n'as pas eu peur du tout ?
– Du tout, répondit Dilou.
Maman Lipangou dit doucement :
– Mais nous, on a eu très peur,
tu sais, Dilou !
    Papa Lipangou le regardait d'un air
de ne pas savoir s'il devait rire ou
se fâcher et Dilou baissa le nez sur
son bol.

Grand-mère Lipangou murmura :
– Je serais bien triste, moi, si mon
petit Dilou n'était plus là pour cueillir
les groseilles avec moi !
Grand-père Lipangou cria
de sa grosse voix :
– Corne de bois ! Ce petit Lipangou-là
a bien le même fichu caractère que
son grand-père ! Il y en a des idées
maintenant dans cette petite tête.
Et la toute petite Nine gazouilla :
– Dilou doudou, Dilou doudou !
    Alors, en buvant son café de glands,
bien chaud et parfumé, Dilou se dit
qu'un jour, plus tard, quand il serait
tout à fait grand, il aurait une maison
à lui, une grande maison où on rirait,
où on se disputerait, où on s'aimerait,
une maison où on vivrait tout à fait
comme dans la maison des Lipangous.

Un berger très

Le berger prend grand soin des brebis de son troupeau. Il les défend contre les bêtes sauvages et les voleurs. Même la nuit, il continue à veiller. Un jour, Jésus raconte cette histoire pour nous parler de Dieu comme d'un Père.

D'après Matthieu 18, 12-14

Un berger a cent brebis dans son enclos. Il les connaît toutes par leur nom et il les aime. Chaque jour, il les compte avec soin. Quand il arrive à cent, il est content, toutes ses brebis sont là, avec lui. Un jour, il arrive seulement à quatre-vingt-dix-neuf. Inquiet, il compte et recompte encore. Une, deux, trois... quatre-vingt

attentif

dix-neuf,
rien à faire, il en manque une : une brebis n'est plus là. Alors, il n'hésite pas, il sort. Laissant ses quatre-vingt-dix-neuf brebis, il prend son bâton, et il part à la recherche de sa brebis perdue. Il marche longtemps. Il est fatigué, mais il continue, il veut retrouver sa brebis.

Enfin, il l'aperçoit, couchée dans un petit coin d'herbe, toute seule et effrayée. Vite, il court vers elle, il la prend dans ses bras, la porte sur ses épaules ; il repart tout joyeux.

Il rassemble tout son troupeau et retourne vers sa maison. Là, il appelle tous ses voisins et tous ses amis :

« Venez tous, réjouissez-vous avec moi, regardez, j'ai retrouvé ma brebis qui était perdue. »

Lundi, je suis tombé par terre,
maman m'a soigné en rentrant.
Mardi, j'ai lu ma page avec grand-mère,
papa sortait avec les grands.
Mercredi, Zoé m'a apporté un cadeau d'anniversaire,
le cadeau de mes huit ans.

Jeudi, pour la fête de Léa,
j'ai fait un gâteau au chocolat.
Vendredi, quelle aventure,
j'ai rattrapé bébé qui tombait de la voiture.
Samedi, une vraie pagaille,
oui, vraiment tout allait mal !
Dimanche, je me suis fait tout beau,
j'ai gagné la course en vélo.

Lundi, mardi, mercredi,
dans tous les coins de la maison,
jeudi, vendredi, samedi,
à tous les moments de la vie
on prend soin de chacun.

On est bien quand on est réunis.
Mais comme le berger cherche sa brebis
j'aime aussi penser tout bas
à ceux qui ne sont pas là.

Ça sent bon dans notre maison

Un jour, Jésus est invité à Béthanie dans la maison de ses amis : Marie, Marthe et Lazare. Marie aime s'asseoir près de Jésus et écouter ses paroles. Tout à coup, elle fait un geste étonnant :

Marie
prend un vase
de parfum très cher.
Elle le verse
sur les pieds de Jésus.
Toute la maison
est remplie
de ce parfum.

D'après Jean 12, 1-8

Jésus,
nous t'invitons,
viens chez nous !

Jésus,
tu as ta place
au milieu de nous !
Tu as ta place
dans nos vies !

Jésus,
ton amour parfume
notre maison !

le sais-tu ?

Eglise avec un « e » ou avec un « E »

Si tu écris église avec un petit « e », tu parles de la maison où se rassemblent les amis de Jésus : les chrétiens (catholiques).

Les églises sont souvent grandes pour accueillir une foule, mais il y a aussi de toutes petites églises, des chapelles. Dans certaines villes, il y a une église appelée « cathédrale » : c'est l'église où l'évêque rassemble les chrétiens confiés à sa responsabilité.

Les premiers chrétiens

Ils se rassemblaient pour prier Jésus dans leurs maisons, un peu comme on s'accueille entre amis. C'était aussi pour se protéger de ceux qui voulaient se débarrasser d'eux.

Plus tard, ils ont pu construire des maisons de prière pour se rassembler plus nombreux. Ainsi, les chrétiens construisent des églises dans le style du pays où ils vivent.

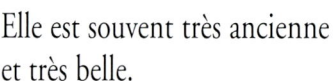

Elle est souvent très ancienne et très belle.

Aujourd'hui encore, on construit des cathédrales, comme à Evry, une grande ville nouvelle près de Paris.

Si tu écris Eglise avec un grand « E », alors tu parles de l'ensemble des chrétiens, toutes ces personnes qui, comme toi, croient en Jésus vivant, et que l'Esprit Saint garde unies en un seul peuple.

Une huile parfumée

Pendant le baptême, le prêtre verse de l'eau sur la tête du nouveau baptisé. Il trace aussi sur son front une belle croix avec de l'huile parfumée. Cette huile s'appelle le « saint chrême ».

Pourquoi de l'huile ? Parce qu'elle pénètre la peau ; elle nous montre que l'Esprit de Jésus habite le baptisé.

Pourquoi du parfum ? Parce que Jésus parfume la vie d'un chrétien. A son tour, quand il met beaucoup d'amour autour de lui, ça se sent et ça sent bon ! (Voir LES SACREMENTS, page 18).

L'encens

Dans les églises, on fait parfois brûler des petits grains d'encens. Une fumée très parfumée s'élève.

C'est le signe d'une prière à Dieu, pleine de respect.

La respiration de cette bonne odeur nous aide à prier de tout notre cœur.

Les Compagnons d'Emmaüs

Aujourd'hui encore, tout le monde n'a pas forcément une maison ou un appartement.

Pendant l'hiver de l'année 1954, des gens se regroupent autour de l'abbé Pierre pour venir en aide à ceux qui souffrent du froid et qui n'ont pas de maison.

Ce sont les compagnons d'Emmaüs. Depuis, ils continuent d'aider les gens qui ont des difficultés pour se loger.

Berger

C'est un homme qui garde un troupeau de moutons. Il s'en occupe, le conduit dans les prés, veille sur lui et le protège.

On dit aussi que c'est un pasteur. Dans la Bible, Jésus est souvent appelé le « bon berger » ou encore le « bon pasteur » parce qu'il est venu rassembler les hommes autour de son Père comme un berger rassemble son troupeau.

Nazareth

C'est le nom du village de Palestine où Jésus a vécu jusqu'à l'âge de 30 ans environ. Ce n'était pas une ville très célèbre et cela nous aide à comprendre que Jésus, le Fils de Dieu, est un homme simple.

Aujourd'hui, Nazareth est devenue une grande ville. On peut y voir des souvenirs du temps de Jésus.
(Voir Un enfant juif au temps de Jésus, page 20).

Paraboles

Jésus aime raconter de petites histoires, toutes simples, parfois drôles, souvent proches de la vie de tous les jours. Il nous aide ainsi à comprendre qui est Dieu son Père et à quoi ressemble le Royaume dans lequel il nous invite à entrer. (Voir Royaume de Dieu, page 32.)

On appelle ces histoires des « paraboles ».

L'histoire du père qui fête le retour de son fils (page 74) et celle du berger très attentif (page 42) sont des paraboles.

Salomon

A l'origine, les Hébreux se déplacent beaucoup, vivent sous des tentes : c'est un peuple de nomades. Petit à petit, ils habitent des villes et des villages. Vient le moment où le grand roi Salomon, si connu pour sa sagesse, construit un temple magnifique dans la ville de Jérusalem. De partout, on y vient en pèlerinage pour prier Dieu ensemble.

Tim et Léa ont le nez fin

Pouah ! Ça sent les voitures.

Pouah ! Ça sent les poubelles.

Pouah ! Ça sent la peinture.

Humm ! Ça sent le parfum de Mamie.

OUAIS ! ... et Mamie a fait un gâteau.

BRUNO LE SOURD.

Noël, fête à

la maison

Le Noël de Sylvain

Pour la première fois, le papa de Sylvain a eu l'idée d'acheter un grand sapin, un vrai sapin de Noël ! Tandis que papa prépare un récipient avec de la terre pour faire tenir l'arbre bien droit, Sylvain prend plaisir à respirer cette odeur de résine et même de champignons, comme en forêt !

Sylvain est surpris ! Les épines devraient être piquantes, il les trouve fines, luisantes et presque douces ! – N'empêche, s'exclame papa, en aidant les petites sœurs à mettre les guirlandes, le sapin, c'est vraiment un arbre formidable. Il ne vieillit pas. Toujours vert, et toute l'année...

A l'étage au-dessus, Monsieur Desforges est triste. Il est seul, il n'a plus de famille, plus d'amis. Ses forces l'abandonnent. Il ne sort plus de chez lui. Le seul rayon de soleil qui éclaire quelquefois sa journée, c'est la visite de Sylvain, lorsqu'il monte le courrier du vieux monsieur. C'est la responsabilité de Sylvain depuis qu'il a sept ans. Monsieur Desforges est heureux de ce service.

54

Il en profite pour bavarder avec Sylvain. Ainsi, une amitié est née.
– Ça va, Sylvain ? Tu travailles bien à l'école ? C'est important de bien savoir lire et écrire !
– Ça va, Monsieur Desforges ! Vous voulez que je vous aide ?

Car monsieur Desforges fait tout avec lenteur.
– Ah ! Si tu m'avais vu autrefois, aime répéter le vieux monsieur, toujours en action et l'œil vif ! Maintenant c'est le déclin. Du bois mort à porter en terre !
– Ne dites pas cela, Monsieur Desforges ! Vous êtes mon papi préféré ! Et puis c'est bientôt Noël !
– Oh moi, tu sais, toutes ces histoires !

Toutes ces histoires, Noël !
Sylvain est un peu choqué !
Il réfléchit. Monsieur Desforges

doit être malheureux s'il ne peut pas se réjouir de Noël qui arrive. Alors il faut lui préparer un cadeau !

– Maman, tu peux me donner de la farine et du sel ? Papa, je peux prendre la bougie de la crèche ? En une heure, Sylvain a réalisé un magnifique bougeoir en pâte à sel qu'il a fait cuire dans le four de la cuisine. Puis il l'a peint, vernis et orné avec de tout petits bouts de sapin qu'il a enlevés au bas de l'arbre.
– Monsieur Desforges va être heureux, dit maman, invite-le pour le jour de Noël !

Hélas, monsieur
Desforges n'a pas manifesté
beaucoup d'admiration
pour le bougeoir.
Il a refusé l'invitation.
Sylvain est déçu.
Dans la famille de Sylvain,
on ouvre les cadeaux
la nuit de Noël après la messe
de minuit et ensuite on fait un court
réveillon avant de se coucher.
Dans sa joie devant le sapin, Sylvain
a un peu oublié son vieil ami, mais
au moment de s'endormir, en regardant
la nuit pleine d'étoiles, il se met à espérer :
– Si seulement monsieur Desforges
pouvait y croire un peu à l'histoire de
Noël !

Le lendemain matin, jour de Noël,
25 décembre, Sylvain est bien surpris
quand sa maman le réveille en lui ten-
dant une lettre :

– Tiens, c'est pour
toi. C'est Monsieur
Desforges qui l'a
apportée ce matin
avec beaucoup
de difficultés.
Il n'a pas voulu
rester et nous l'avons
aidé à remonter.
Une lettre ! Pour Sylvain, ouvrir
une lettre de monsieur Desforges,
c'est aussi merveilleux qu'ouvrir
un paquet-cadeau !
L'écriture est toute tremblante,
comme si elle avait traversé une tempête
avant d'arriver à bon port !

Mon jeune ami,

*Cette nuit, j'ai senti comme un grand
froid en moi. Je me suis levé
et j'ai allumé ta bougie.*

Sa lumière a éclairé ma chambre avec beaucoup de douceur. Peu à peu, tous les objets, pourtant si familiers, m'ont paru plus beaux, plus proches. Les visages sur les photos m'ont semblé plus présents que jamais. Et je me suis rappelé que l'on fête Noël au solstice d'hiver, quand le soleil reprend sa course de lumière. Depuis le plus lointain des âges, les hommes ont fait l'expérience qu'au bout de la nuit, le soleil revient, et qu'au milieu de l'hiver, il commence à grandir de nouveau : il monte plus haut dans le ciel.

Me souvenant de tout cela, j'ai regardé longtemps la flamme de ta bougie en pensant à toi. Petit à petit, dans mon cœur, il s'est fait un grand calme.

On appelle cela la paix, je crois... Alors, je me suis dit : demain j'écrirai à Sylvain ; je lui dirai merci pour ce soleil qu'il m'apporte en venant me voir.

Devant moi, il y a ton bougeoir. Avec ses branches de sapin, il me parle de confiance et d'espoir. Merci à toi et à ta famille.

Ton vieil ami qui reprend vie en ce jour de Noël,

Monsieur Desforges.

– Cette lettre, est-ce que je peux l'accrocher au sommet du sapin ? crie Sylvain. Ce sera notre étoile !

Quand Jésus

L'empereur de Rome règne sur tous les pays qui entourent la Méditerranée. Il veut savoir combien d'habitants vivent dans son royaume. Il ordonne que tous les hommes, accompagnés de leur famille, aillent se faire inscrire dans leur ville d'origine. Joseph habite à Nazareth en Galilée, mais sa famille est de Bethléem en Judée. Il part donc avec Marie, sa jeune femme, pour Bethléem. Marie attend un bébé qui doit naître bientôt.

D'après les évangiles de Luc et Matthieu.

Quand Joseph et Marie arrivent à Bethléem, il y a beaucoup de monde. Des voyageurs sont rassemblés dans une grande salle commune. Il n'y a pas de place pour ceux qui arrivent. Joseph cherche un autre endroit.

58

vient au monde

Il trouve une étable. Là, dans la nuit, Jésus vient au monde. Sa maman l'enveloppe dans des langes. Elle le dépose dans la mangeoire des animaux qui lui sert de berceau.

Dans les champs des environs, des bergers gardent leur troupeau. Or, au milieu de la nuit, des anges, envoyés par Dieu viennent les prévenir :
« Nous avons une Bonne Nouvelle à vous annoncer. Un sauveur vient de naître pour vous et pour tous les peuples. Partez vite à sa recherche. Vous le trouverez facilement : c'est un petit bébé couché dans une mangeoire. »

Les anges commencent à chanter :
« Gloire à Dieu ! Paix aux hommes ! »
Les bergers partent dans la nuit et
ils trouvent l'étable avec Joseph,
Marie et le nouveau-né. Emerveillés,
ils contemplent ce petit bébé qui déjà
change leur cœur. Tout joyeux, ils
racontent ce qui leur a été annoncé
au sujet de cet enfant.

Bien loin de là, des mages se mettent en route, pour venir vers le petit enfant qui vient de naître. Ce sont des savants qui observent les étoiles. Et c'est une étoile qui les guide. Ils cherchent Jésus. Quand ils arrivent enfin, pleins de joie, ils se prosternent devant lui. Ils lui offrent leurs cadeaux : de l'or, de l'encens et de la myrrhe.

Noël ! On l'attend !
Et c'est amusant.
Mais comme c'est long,
Chaque jour nous comptons.

Noël ! On l'attend !
C'est le temps de l'avent.
Quatre semaines pour se raconter
La venue d'un bébé.

Noël ! On l'attend !
Jésus va arriver,
Pour les peuples du monde entier.
Quatre bougies allumées,
Mon cœur s'est préparé.

Noël est arrivé
Ensemble, comme les bergers
Mettons-nous en route pour chanter
Noël, Noël, Jésus est né !

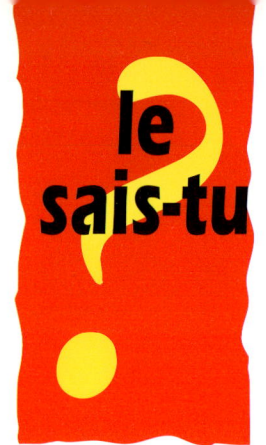

le sais-tu ?

Les anges

La Bible nous parle souvent des anges. Ce sont des messagers de Dieu. La nuit de Noël, ils viennent prévenir les bergers dans leur champ. Ils chantent « Gloire à Dieu ! »

Comme il est bon que la nouvelle soit annoncée à tous.

Avent

C'est le nom des quatre dimanches qui précèdent Noël. Mais le mot Avent ne veut pas seulement dire que ces quatre semaines sont « avant » Noël : ce mot s'écrit bien avec un « e » comme « avènement », ou comme « venue », ou encore « avenir ».

Pour les chrétiens, cela veut dire qu'il faut prendre du temps pour bien fêter la venue de Dieu chez les hommes. Un seul jour n'y suffirait pas... La venue du Fils de Dieu chez nous, c'est une Bonne Nouvelle pour l'avenir de tous les hommes.

GLOIRE À DIEU
au plus haut des cieux
et paix sur la terre
aux hommes qu'il aime

La naissance de Jésus

Personne n'avait un camescope pour filmer la naissance de Jésus, ou les premières visites de ceux qui voulaient féliciter ses parents...

Mais ceux qui étaient là en ont parlé à tous leurs amis. Et tous ceux qui ont le cœur rempli de l'amour de Dieu ont longuement médité sur cet événement : les récits de la Nativité nous aident à comprendre que la naissance de Jésus, c'est à la fois tout simple, et tellement magnifique !

Etoile

A Noël, on suspend des étoiles dans les sapins, on accroche une étoile au-dessus de la crèche. L'Evangile raconte que l'étoile est le signe que Dieu a donné à des savants étrangers, les mages, pour les aider à trouver l'enfant Jésus. Cette étoile qui brille dans la nuit est aussi le signe que Jésus, ce petit enfant qui vient de naître, est la lumière qui éclaire nos vies.

Sauveur

Pour nous, chrétiens, le Sauveur, c'est Jésus, et lui seul. Cela ne veut pas dire qu'il est comme les pompiers ou les sauveteurs lors d'une inondation. Avec Jésus c'est tout autre chose. Il vient délivrer tous les hommes du mal et de la mort en leur donnant la Vie de Dieu.

La crèche

C'est saint François d'Assise qui, le premier, a eu l'idée de reconstituer le lieu de la naissance de Jésus.

Depuis, il y a toutes sortes de crèches, très différentes selon les régions. Chez nous, les petites crèches avec des santons nous aident à imaginer, à nous émerveiller, et aussi à prier.

Parfois, on fait une crèche vivante : des enfants tiennent la place de Marie, de Joseph et des bergers... Et un petit bébé né juste avant Noël représente Jésus qui vient de naître.

La bûche de Noël

De nos jours la bûche de Noël est symbolisée par un gâteau.

Autrefois, c'était un très gros tronc d'arbre que l'on choisissait très dur pour qu'il brûle toute la nuit. La bûche était décorée de feuillage et de ruban avant d'être apportée dans la maison. Ensuite, elle était déposée dans la cheminée et allumée par le plus jeune et le plus âgé de la famille.

Le sapin de Noël

Il n'y a pas beaucoup d'arbres qui restent verts pendant l'hiver. Chez nous, ce sont surtout les sapins. C'est pourquoi une ancienne tradition veut qu'on mette dans les maisons de beaux sapins que l'on décore.

Ils nous font penser au printemps, quand la nature repart, quand la vie renaît.

La Saint-Nicolas

En Belgique, dans certaines régions d'Allemagne, de Suisse, d'Autriche, de France et des Pays-Bas, on fête la Saint-Nicolas le 6 décembre. Nicolas était un évêque très généreux. On raconte qu'il a ramené à la vie trois enfants qui avaient été tués par un boucher.

La légende dit aussi qu'il a donné des légumes, des fruits et du blé aux enfants affamés d'une grande ville. Il a fait apporter la nourriture sur un grand bateau aux voiles bleues. Il a frappé aux portes des maisons des enfants qui avaient faim et a déposé un sac de blé et des fruits. En ouvrant la porte, les enfants ont eu une très belle surprise.

En souvenir de cette histoire, saint Nicolas apporte, tous les ans, des cadeaux aux enfants !

Les cadeaux

Pour la grande fête de Noël, on aime offrir des cadeaux à sa famille, à ses amis.

Les chrétiens sont dans la joie de la naissance de Jésus, ils cherchent par tous les moyens à faire plaisir aux autres. L'amitié grandit, la joie se partage. A travers tout cela, nous découvrons que le plus beau cadeau, c'est celui que Dieu donne à tous les hommes : son Fils, Jésus.

La couronne de l'Avent

Dans beaucoup de pays, en attendant Noël, la coutume veut qu'on prépare une couronne de l'Avent avec quatre bougies : une pour chacun des quatre dimanches qui précèdent Noël.

Cette couronne est faite de feuilles de houx ou de branches de pin. On allume une bougie le premier dimanche de l'Avent, deux bougies le deuxième et ainsi de suite.

Vive

la fête

L'Anniversaire

Guillemette va avoir huit ans et déjà elle pense à son anniversaire. Pour la première fois cette année, elle va le fêter avec ses copains de classe. Avant, ce n'était pas facile : l'appartement était trop petit pour inviter des amis. Mais comme sa maman attend un bébé, elle a déménagé et il y a maintenant assez de place.

Depuis deux semaines, Guillemette barre un à un sur son calendrier les jours qui la séparent de la fête : mercredi, jeudi, vendredi, ce soir il ne reste plus que cinq jours.

Guillemette ne va pas inviter trop d'amis, car maman risque d'être fatiguée. Elle ne veut surtout pas oublier Quentin, son meilleur ami, ni Manon, Emeline, Renan et Amandine.

Elle a découpé de jolis cartons et elle a écrit les invitations. Lundi dernier, elle les a distribuées. Chaque jour, elle rentre vite de l'école pour tout préparer : des dessins sur les verres en papier avec le nom de chaque invité, des guirlandes pour décorer, des fleurs en crépon... Mardi soir, elle ira faire les courses avec sa maman et fera le gâteau. Rien n'est oublié !

Samedi matin.
– Tiens, mamie est là, se
dit Guillemette au réveil.
Et papa, dans la cuisine,
a un drôle d'air : pas rasé,
les cheveux encore tout
décoiffés. Mamie, elle,
à l'air toute heureuse.

– Guillemette, dit papa, cette nuit,
ta petite sœur est née !
Guillemette ne sait pas quoi dire.
Elle devait naître presqu'à Noël, avait dit
maman, et on n'est qu'en novembre.
– Elle s'appelle Mélanie. Maman est
avec elle à la maternité jusqu'à jeudi
ou vendredi. D'ici là, tu vas aller
chez mamie qui... Mais Guillemette
n'entend pas la suite.
– Jeudi ou vendredi ! Mais qui va
s'occuper de mon anniversaire à moi ?

Elle se précipite dans sa
chambre pour pleurer.
Guillemette est trop
petite pour aller voir
Mélanie à la maternité,
elle doit rester chez
sa mamie. Bien sûr,
elle est contente d'avoir
une petite sœur, mais elle est très triste
pour son anniversaire raté.
Le lundi, elle raconte tout cela
à son ami Quentin et elle ne peut
s'empêcher de pleurer. Quentin la
regarde de son air malicieux et lui dit :
– T'en fais pas, va !
Guillemette, elle, trouve que tout va mal

C'est mercredi matin,
il pleut et il fait froid.
C'est le jour tant attendu.
Guillemette pense encore
à son bel anniversaire
manqué : il n'y a rien, pas le moindre
petit cadeau.

Tout à coup, le téléphone sonne.
C'est Quentin ; il l'invite à venir jouer
chez lui l'après-midi. Il est chouette,
Quentin, se dit Guillemette, il pense
toujours à moi.
– N'oublie pas ton manteau, ajoute-t-il
avant de raccrocher.

A deux heures et demi, Guillemette
arrive chez Quentin.
– Tiens Renan est là ? Il y a son vélo !
– Euh... Non... répond Quentin, euh...
Il a dû l'oublier hier soir...
Au bout d'un moment Quentin regarde
sa montre :
– Viens, on y va !

– Où ça ? Demande
Guillemette.
– Tu vas voir,
mets ton manteau.
– On est bien ici.
Dehors, il fait froid, une petite pluie fine
mouille les carreaux. Mais Quentin est
déjà sorti. Il l'entraîne au fond du jardin,
passe sous le grillage et les voilà dans
le jardin de sa grand-mère. Contre
le mur, un grand sapin bleu s'élève.
Ses branches sont si longues qu'elles
touchent terre. Quentin se dirige vers
le sapin, Guillemette le suit. Par dessous,
on entend des chuchotements...
Guillemette est de plus en plus intriguée.
Quentin lui dit d'un air solennel :
– Chut !

Et il ajoute plus fort :
– Attention ! Voilà mademoiselle Guillemette !
Il écarte les grosses branches. Dessous, il fait tout noir, Guillemette ne distingue rien. Elle entend une voix :
– Allez, viens !
Elle les voit : il y a Renan, Amandine, Emeline et Manon, emmitouflés dans leurs manteaux, accroupis contre l'arbre, protégés par les grandes branches.
Au milieu d'eux, une table : c'est la grosse boîte de Lego de Quentin, et dessus... un beau papier crépon rouge et un gâteau au chocolat sur lequel huit bougies scintillent !
– Joyeux anniversaire Guillemette !
Guillemette ne sait plus quoi dire.
Quentin la pousse du coude :
– Allez, souffle ! Qu'on le mange ce gâteau !

Puis chacun lui donne un petit cadeau.
Amandine a peint une belle boîte pour mettre des crayons.
Renan lui offre un carnet à spirale ; Emeline sa belle barrette bleue qui plaisait tant à Guillemette ; et Manon, une agrafeuse verte.
– Et moi, mon cadeau, c'est le gâteau ! ajoute Quentin.
– Qui en re-veut ?
    Guillemette est toute heureuse.
C'est le plus bel anniversaire de sa vie.

La fête du retour

Comme les gens de son pays, Jésus aime raconter des histoires, des paraboles, pour expliquer comment Dieu aime les hommes et veut les voir heureux. Un jour, il raconte l'histoire du père et des deux fils. Le plus jeune fils demande beaucoup d'argent à son père (sa part d'héritage) et va le dépenser dans un pays lointain. Quand il n'a plus d'argent, il a faim, il regrette la maison de son père.

D'après Luc 15, 11-23

Chaque jour, le père pense à son fils qui est parti. Il rêve qu'il reviendra. Il imagine la joie du retour. Alors, il sort de la maison, il regarde au loin sur le chemin, il ne bouge pas, il attend. Quand la nuit tombe, il rentre chez lui, un peu triste. Il pense : il viendra demain.

du fils

Un jour, tout à coup, il voit une petite
tâche noire qui bouge sur le chemin.
Son cœur bat plus fort. C'est lui,
il en est sûr, c'est son fils. Vite, il
court sur le chemin. Mon fils ! Il se
jette à son cou, le couvre de baisers.
Le fils essaie de parler : « J'ai été un
mauvais fils. »

Mais déjà le père crie à ses serviteurs :
« Vite ! Préparez la fête, mon fils que
j'avais perdu est revenu. Donnez-lui
de beaux vêtements, de nouvelles
sandales. Préparez un grand festin,
appelez les musiciens. Nous allons
chanter et danser pour célébrer le
retour de mon fils. »

Au cœur de la nuit, la maison est
toute illuminée de lumière. De loin
on entend résonner la musique et les
chants de fête.

Dans la fête pour dire sa joie,
on joue de la musique :
de la guitare,
de la trompette,
du saxophone,
de la batterie
ou du hautbois.

On chante au micro,
des lumières s'allument.
Si je me sens seul
ou que j'ai le cœur gros,
on me donne la main.
La musique nous entraîne.

La farandole commence.
On bouge, on danse.
On a des ailes.
C'est la fête !

Vivre avec toi, Seigneur, c'est une immense fête

Chantez le Seigneur,
tous les pays du monde !
Jouez pour lui
une immense fête.
Jouez pour lui
de la trompette,
de la harpe et de la cithare
Dansez pour lui
au son des tambourins,
des flûtes et des cymbales.

d'après Psaumes 100 (99) et 150

Fête attendue, fête préparée
Fête qui revient chaque année
Fête surprise
Comme une gourmandise

Fête, on se fait beau
Fête, on mange des gâteaux
Fête, on décore la maison
Fêtes toutes en chansons

Fête pour moi, fête pour toi
Fête pour Jésus aujourd'hui

Fête, on se souvient
Fête, on parle des temps anciens
Fête de la confiance
Fête de la louange

Merci, Dieu notre Père
Tu nous invites
A une immense fête
Alléluia !

le sais-tu ?

Epiphanie

Avec le récit des mages, les chrétiens fêtent Jésus, lumière pour tous les hommes, pour tous les peuples.

Noël

Le 25 décembre, les chrétiens fêtent la naissance de Jésus. Ils célèbrent le Fils de Dieu fait homme.

Gloire à Dieu

au plus haut des cieux et paix sur la terre aux hommes qu'il aime. Devant l'amour de Dieu, quand Jésus vient au monde, nous chantons : « Gloire à Dieu, il est grand, il est saint, il nous aime ! »

Louange

Louer Dieu, c'est compter sur ses doigts les merveilles que Dieu fait pour nous et lui dire « bravo » à chaque fois. On s'aperçoit vite que nos deux mains n'y suffisent pas !

La Toussaint

Le 1er novembre, c'est la fête de tous ceux qui ont accepté de suivre Jésus sur les chemins de l'Evangile.

Hosannah

Les gens de Jérusalem ont poussé ce cri de joie quand Jésus est entré dans la ville, peu de jours avant la fête de la Pâque. Nous le reprenons pour dire que nous croyons que Jésus vient de la part de Dieu son Père.

Les Rameaux

Les chrétiens acclament Jésus qui vient sauver les hommes, comme les habitants de Jérusalem l'ont acclamé lorsqu'il est entré dans la ville.

Pâques

Les chrétiens célèbrent la résurrection de Jésus. Il est vivant pour toujours.

Alléluia

Cette acclamation reprend le mot hébreu qui signifie : « Louez Dieu ! » Avant d'écouter l'Evangile à la messe, on chante Alleluia car on est heureux de croire que Jésus est vivant.

De fêtes en fêtes

B. Le Sourd

Pentecôte

Les chrétiens fêtent le don de l'Esprit Saint. Ils se souviennent que les apôtres ont reçu l'Esprit Saint pour fortifier leur foi et leur amour. Alors ils sont partis annoncer que Jésus est ressuscité.

15 août

Les catholiques fêtent le passage de Marie, la mère de Jésus, dans la vie de Dieu. Cette fête s'appelle l'Assomption de Marie.

81

Chanter, c'est laisser sortir de nous la joie profonde qui nous vient de l'amour de Dieu.

Il y a beaucoup de façons de chanter Dieu, chacun selon son âge et les habitudes de son pays.

David

David est roi d'Israël lorsqu'il décide de transporter à Jérusalem l'Arche d'Alliance, un coffre qui contient les Paroles de Dieu gravées sur la pierre. Il est tellement heureux qu'il danse pour remercier Dieu devant le cortège qui apporte l'Arche. Sa femme, Mikal, se moque de lui : elle pense qu'un roi ne doit pas s'agiter ainsi devant tout le monde.

David, lui, danse par amour pour Dieu ; tout son corps exprime sa joie.

Tim et Léa font la fête

Ce qu'on s'ennuie dans cette fête !

... et puis je ne sais même pas où est Léa.

Pstt ! Tim !

Moi aussi j'ai préparé une fête.

BRUNO LE SOURD.

Ouvrons

le livre

L'île Verte

Pendant une semaine, Etienne a disparu. Enfin presque !

On avait l'impression qu'il était là avec nous, mais en fait il était ailleurs, dans son île verte !

Un samedi, son parrain lui a apporté un cadeau : un livre de grand, avec presque pas d'images.

Il l'a commencé et c'est à partir de ce moment-là que les choses ont changé.

Dès que nous rentrions de l'école, il se plongeait dans son livre, et j'avais beau essayer, je n'arrivais pas à le faire jouer avec moi. A chaque fois que j'allais le voir, il me répondait :
– Laisse-moi, je lis !
Moi, ça ne me plaisait pas du tout. C'était pas juste.

Lui, il sait lire, il devrait me raconter son livre ! Mais il le garde pour lui tout seul. Quand il prend son vélo, il fait la même chose, il part tout seul ; moi je n'ai pas le droit de sortir de la résidence. Lui, il peut aller jouer dans le parc.

Un soir, après l'histoire et le câlin, Etienne a laissé sa lampe allumée pour lire. Comme je dors en haut sur les lits superposés, je me suis penchée et je lui ai demandé :

– Il s'appelle comment ton livre ?
– *Le Mystère de l'île verte*.
– Et ça raconte quoi ?
– C'est une histoire d'enfants qui vont
se cacher dans une île.
– Pourquoi ?
– Parce que.
– Parce que quoi ?
– Parce que les gens chez qui ils sont
ne sont pas gentils.
– Et pourquoi ?
– Oh ! Tu m'embêtes ! Laisse-moi lire !

    Moi, je n'étais pas contente, alors
je lui ai lancé mon lapin à la figure, il a
crié et... papa est arrivé. Etienne a été
obligé d'éteindre la lumière, mais il est
allé chercher sa lampe de poche
et il a lu sous les draps !

    Un jour, il est revenu
de l'école avec un dessin
de son île verte.

Sa maîtresse leur avait
demandé de dessiner
une histoire
qu'ils aimaient bien.
– Tu vois, a-t-il dit
à maman, là, c'est
la grotte où ils
se sont installés,
et là, l'endroit
où ils ont fait
leur première cabane.

    Cela m'a fait tout drôle ;
c'était comme si lui-même était allé
sur l'île. Vraiment, les enfants du livre
étaient ses copains.

    Vivement que je sache lire
pour découvrir cette fameuse île verte !

Quand Jésus

Jésus revient à Nazareth, le village de son enfance. Le dernier jour de la semaine, il va à la maison de prière, la synagogue, pour écouter la lecture de la Bible et chanter les merveilles de Dieu avec tous les gens de son village. Mais ce jour-là...

D'après Luc 4, 16-22

On apporte à Jésus le livre de la Bible. Jésus ouvre le livre et trouve les mots écrits par un prophète qui vivait il y a très longtemps et qui annonçait la parole de Dieu.

88

lit la Bible

Il lit lentement :
« Dieu m'a choisi, son Esprit est sur moi. Il m'envoie annoncer cette bonne nouvelle aux pauvres. Les prisonniers sont libérés. Les aveugles voient. Le Seigneur redonne la joie à ceux qui sont enfermés dans le malheur. »
Jésus referme le livre et s'assoit. Tous attendent ce qu'il va dire.

Alors Jésus dit :
« Tout cela arrive aujourd'hui. »
Les gens sont très étonnés. Ce Jésus,
ils le connaissent depuis longtemps ;
c'est le fils de Joseph, le charpentier.
Il n'est pas différent d'eux. Il n'a pas
le droit de parler comme cela au nom
de Dieu. Alors, Jésus leur dit :
« Aucun prophète n'est bien
reçu dans sa patrie. »

Un livre ?
Du papier blanc,
Des signes noirs,
Quel mystère !

Une première page,
Une deuxième,
Au coin de la troisième,
Je pars déjà !

Je découvre le monde entier,
Jusqu'aux îles lointaines,
A la rencontre d'amis nouveaux.

Un pas après l'autre,
Une page après l'autre,
J'habite mon livre,
Et je m'ouvre à la vie.

Dieu aime les hommes et il leur parle. Il trouve le langage qui convient à chacun. La Bible raconte ce qui est arrivé au jeune Samuel. Il dormait dans le temple, près de la chambre du prêtre Eli. Plusieurs fois dans la nuit, il entend une voix qui l'appelle. Il pense que c'est Eli. Mais Eli lui dit : ce n'est pas moi ; c'est peut-être Dieu qui t'appelle ; si tu entends encore la voix, tu diras :

« Parle, Seigneur,
ton serviteur écoute. »

1 Samuel 3, 10

Une page de la vie de Dieu avec nous

Entends ce que nous dit Jésus
Cherche au secret de ton cœur
Ouvre tes yeux sur le monde
Un peu plus chaque jour
Tous les amis de Jésus nous l'ont dit
Ecoute, écoute, sa parole nous conduit.

le sais-tu ?

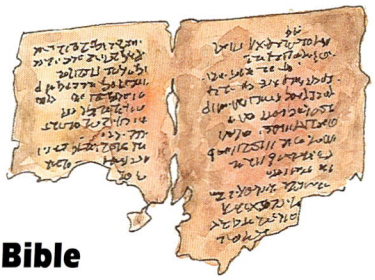

Bible

La Bible, c'est un ensemble de livres, un peu comme une bibliothèque ! Dans ces livres, les amis de Dieu racontent comment le Seigneur s'est fait connaître dans la vie de leur peuple. Il y a deux grandes parties dans la Bible :

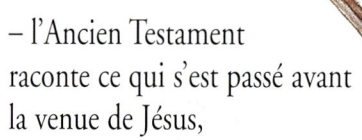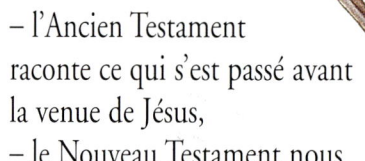

– l'Ancien Testament raconte ce qui s'est passé avant la venue de Jésus,
– le Nouveau Testament nous parle de Jésus, dans les quatre évangiles, et de la vie des premiers chrétiens.

Pendant longtemps, on lisait la Bible sur des rouleaux de parchemin. Pendant longtemps, les moines l'ont recopiée. Après la découverte de l'imprimerie par Gutenberg (en 1455), la Bible fut le premier livre à être imprimé.

Aujourd'hui, la Bible est traduite dans presque toutes les langues.

Evangile

C'est le mot grec pour dire « bonne nouvelle ». Pour les chrétiens, la grande Bonne Nouvelle, c'est « Jésus vivant ».

On appelle donc « évangiles » les quatre récits écrits par Matthieu, Marc, Luc et Jean.

Certains artistes préparent des spectacles pour mettre en scène des passages de la Bible.

On peut être seul pour méditer la Parole.

Partage d'Evangile

L'Evangile est pour tous. On a besoin de se réunir avec d'autres pour mieux le connaître. En petits groupes, nous aimons dire ce que nous comprenons. Un prêtre peut aussi expliquer le récit que nous venons d'entendre. Il y a beaucoup de manières d'annoncer la Parole de Dieu, de la faire connaître et de mieux la comprendre.

Acclamation

Quand le vainqueur d'une course arrive, ses amis l'acclament. Ils sont fiers et heureux pour lui ; ils le disent avec des cris de joie.

A l'église, quand les chrétiens ouvrent la Bible, ils acclament la Parole de Dieu. En particulier, avant de lire l'Evangile, ils chantent alléluia ! (Voir ALLÉLUIA, page 81.)

Des adultes se réunissent pour lire ensemble l'Evangile.

Jérôme

Voilà un homme qui a aimé la Bible ! Né en Dalmatie, il fait ses études à Rome. Il devient prêtre et même, pendant un temps, secrétaire du Pape ! A son époque, on lit la Bible en grec, une langue que peu de gens connaissent.

Jérôme décide de la traduire dans la langue de son temps, le latin.

Il aime aussi expliquer la Bible, aussi bien pour des savants que pour des gens simples. Beaucoup viennent l'écouter à Bethléem où il passe une bonne partie de sa vie après avoir quitté Rome.

Prophète

Souvent on dit qu'un prophète, c'est quelqu'un qui devine l'avenir. Mais dans la Bible, ce n'est pas cela : le prophète c'est celui que Dieu choisit pour parler à son peuple.

Ainsi Isaïe ou Jérémie appellent les hommes à changer leur cœur et leur vie. Ils se mettent en colère quand ils voient que les pauvres sont rejetés. Mais on ne les écoute pas toujours.

Jésus est plus qu'un prophète. Il ne parle pas seulement de la part de Dieu : il est sa Parole vivante. A sa suite, nous sommes appelés, par notre baptême, à être nous aussi des prophètes.

Tim et Léa écoutent une histoire

A table,

tu es invité

Merci Mamie Lalie

Pourtant tout avait bien commencé ce jour-là. Pauline avait mis sa robe, la bleue avec des fleurs blanches. Moi je m'étais habillé, coiffé et lavé tout seul... Et puis... Tout s'est détraqué !!!

Pauline a voulu aider maman à faire la mousse au chocolat et elle a renversé les blancs d'œufs. Comme on n'avait plus d'autres œufs, maman était furieuse.

Quand mamie Lalie est arrivée, maman a retrouvé le sourire... Pas pour longtemps, parce qu'en jouant avec Bacchus – c'est mon chien – j'ai renversé la table où était préparé l'apéritif. Pour le coup, maman et mamie Lalie se sont liguées contre Bacchus et moi. Elles nous ont envoyés jouer dans l'escalier. Nous sommes sortis sur le parking et je suis allé jouer au foot avec Mourad et Julien.

Mais lorsque je suis remonté, Bacchus sur mes talons, là-haut, c'était le Vésuve et l'Etna réunis : bref, la catastrophe !
Il y avait plein de fumée qui sortait de la cuisine...

Le poulet sans doute ! Mamie Lalie m'a dit gentiment d'aller dans ma chambre me débarbouiller. J'en ai profité pour me recoiffer. Pauline était tranquillement à son bureau, elle dessinait. Alors mamie Lalie a pris les choses en main. Elle a demandé à papi d'aller chercher un autre apéritif. Il est revenu avec une bouteille mise de côté depuis longtemps, et avec du coca pour remplacer le jus de fruit. Puis elle est allée chercher Pauline : finalement ensemble, elles ont fait une bonne crème au chocolat... sans œufs. Pour le poulet, mamie Lalie a eu une super idée : elle a enlevé la peau grillée et on a inventé une sauce avec du miel et du ketchup pour lui donner bonne mine.

Quand tout a été prêt, Pauline a offert son dessin à maman qui avait préparé une belle table. Pendant tout le repas, Pauline et moi, on s'est débrouillé pour qu'elle n'ait presque pas à se lever. On a tous trouvé que le poulet était bon... même papi ! Au dessert, avec la bonne-crème-ratée, on a bien ri en pensant à toutes les mésaventures de la matinée.

Nous étions bien ensemble. Papi et mamie Lalie en ont profité pour nous raconter leurs jours catastrophes... C'était trop rigolo !!! Je ne suis pas redescendu jouer avec Mourad, j'ai même aidé à faire la vaisselle !

Quand Jésus

Jésus aime beaucoup se retrouver à table avec tous ceux qui l'invitent. Parfois, c'est lui qui s'invite. Il va chez des riches et des pauvres et même chez des gens avec qui il n'est pas d'accord. A l'époque de Jésus, les repas ont beaucoup d'importance, on les prépare avec soin. Avant de manger, tout le monde se lave les mains ; on remercie le Seigneur pour tout ce qu'on va partager.

D'après Luc 22, 14-20

Il y a un repas que Jésus prépare avec beaucoup d'attention, c'est le repas de la Pâque qu'il veut partager avec ses amis. Cela se passe juste avant son arrestation. Jésus sait que ses ennemis le cherchent. Il prend beaucoup de précautions. Il ne donne à personne l'adresse de la maison où il a fait préparer le repas. Il veut avoir le temps de parler longuement avec ses amis et de leur dire adieu.

partage le pain

Pour ce repas de la Pâque, la coutume veut que tous ceux qui sont autour de la table mangent un agneau, comme leurs ancêtres quand ils sont sortis d'Egypte. Ils chantent aussi des psaumes pour remercier Dieu. Ce soir là, Jésus et les douze apôtres sont rassemblés autour de la table.

Au cours du repas, Jésus prend le pain et le partage à ses amis en disant : « Prenez et mangez-en tous, ceci est mon corps donné pour vous. » Puis, il prend la coupe de vin et leur dit : « Buvez-en tous, ceci est mon sang versé pour vous. » C'est vraiment le repas de l'amour partagé.

Quand on est invité,
on est tout impatient
et inquiet en même temps.

Quand on est invité,
chaque minute pèse cent ans
ou file comme le vent.

Quand on est invité,
on revient un peu changé
après ce qu'on a vu,
avec ce qu'on a vécu.

Tu allais,
Toi, Jésus,
chez des gens très différents
qui t'accueillaient comme un ami.
Tu changeais vraiment leur vie.

Aujourd'hui Jésus,
tu m'appelles moi aussi
à devenir ton ami.

Jésus,
c'est toi
qui nous
invites

Toute ma vie
je veux te bénir ;

Lever les mains
en invoquant ton Nom.

Comme par un festin
je serai rassasié.

La joie sur les lèvres
je dirai ta louange.

Psaume 63 (62), 5-6

106

Avec leurs mains les femmes
et les hommes ont fait du pain.

Avec leurs mains
ils ont serré d'autres mains.

Avec nos mains
nous construisons ensemble
nos lendemains.

Avec nos mains
nous faisons une ronde de copains.

Avec mes mains,
je joue, j'écris, je fais des câlins.

Avec mes mains
je t'offre, mon Dieu, tous mes matins,
mes joies, mes rires et mes chagrins.

le sais-tu ?

Tabernacle

C'est une petite armoire qui se trouve dans l'église. C'est là que l'on garde le Pain consacré (les hosties), par exemple pour le porter aux malades qui le demandent.

A côté, est posée une petite lampe : elle rappelle la présence de Jésus au milieu de nous et nous invite à la prière.

Bénédiction

Bénir, c'est dire du bien. As-tu remarqué que le prêtre, à la messe, trace un grand signe de croix avec sa main sur tous les gens qui sont là ? Il dit : « que vienne sur vous la bénédiction de Dieu. » C'est le signe que, par Jésus, Dieu nous dit tout le bien qu'il veut pour nous.

Nous aussi, nous disons du bien de Dieu, parce qu'il est la source de la vie.

A beaucoup d'autres moments, nous pouvons bénir Dieu : par exemple, devant un paysage magnifique, ou bien avant de commencer un repas. Nous lui disons « merci et bravo » pour tous les dons qu'il nous fait : de bonnes choses à manger, la joie d'être ensemble, l'amitié partagée...

Donner du temps, donner du pain

Marc est dans une équipe du Secours Catholique. Chaque semaine, il donne de son temps à des personnes qui en ont besoin. Après son travail, à midi, il distribue des repas. Bien d'autres personnes font de même.

Peut-être as-tu entendu parler des Restos du Cœur ? As-tu participé, avec tes parents, à la collecte de nourriture pour la Banque Alimentaire ? As-tu vu des affiches du CCFD dans ton quartier ? Toutes ces personnes qui agissent ont le même désir : que chacun dans le monde puisse prendre au moins un repas par jour et que personne ne reste seul.

Messe

La messe est l'assemblée des chrétiens qui répondent à l'invitation du Seigneur.

Ils se souviennent du dernier repas de Jésus, de sa mort sur la croix et ils disent avec force : « Il est vivant ». Ils écoutent la Parole de Dieu, ils prient ensemble et ils chantent.

Le prêtre partage le pain consacré : Jésus donne sa vie pour tous.

On appelle aussi la messe « eucharistie », à partir d'un mot grec qui veut dire « rendre grâce », rendre à Dieu tout l'amour qu'il nous donne.

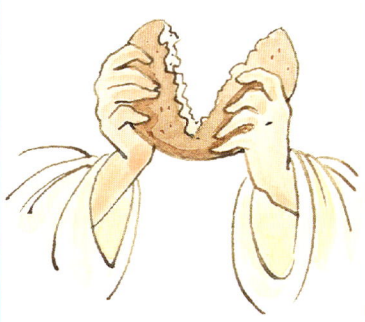

Offrande

A la messe, après avoir écouté la Parole de Dieu et prié tous ensemble, parfois des enfants, des jeunes ou des adultes apportent dans leurs mains le pain, la coupe remplie de vin et aussi des fleurs et des bougies.

En apportant cela du fond de l'église jusqu'à l'autel, ils offrent à Dieu notre Père tout ce que les gens qui sont là ont dans leur cœur : de la joie, de la peine, des questions et des attentes.

Le prêtre prend ces offrandes dans ses mains et dit : « Merci, Seigneur, de ce que tu nous donnes. Merci surtout pour ton Fils Jésus. » Toute notre vie est offerte dans ces signes très simples.

Dimanche

Pourquoi le dimanche n'est-il pas un jour comme les autres ? Très vite, les chrétiens ont pris l'habitude de fêter le premier jour de chaque semaine, le jour de la Résurrection. Ce jour était appelé le « jour du Seigneur », en français, c'est le dimanche.

Ce jour-là, tu ne vas pas à l'école. La majorité des parents ne travaillent pas. En famille, on prend le temps de se reposer, de parler, de jouer ensemble.

Les amis de Jésus prennent ainsi le temps de prier et de louer Dieu ; ils sont tout particulièrement invités le dimanche à se rassembler à l'église pour le repas du Seigneur.

L'histoire de la veuve de Sarepta

Une grande sécheresse sévit dans la région. A Sarepta, une femme, une veuve, n'a plus rien à manger : juste un peu de farine et d'huile pour faire une dernière galette pour son fils et pour elle, avant de mourir.

Arrive le prophète Elie, qui justement lui demande à manger.

Que faire ? Il n'y aura jamais assez pour trois... « Ne crains pas, lui dit Elie. Dieu l'a promis : jarre de farine ne s'épuisera pas, et cruche d'huile ne se videra pas ». Alors la veuve fait confiance, elle partage la galette qu'elle vient de faire cuire.

Et la promesse se réalise. Dieu donne toujours plus que nous n'osons demander.

La nourriture au temps de Jésus

Au temps de Jésus, la viande était réservée aux grandes occasions.

On mangeait surtout du pain, du poisson, du fromage de chèvre et beaucoup de fruits : raisins, figues, grenades, pastèques, noisettes...

Il n'y avait pas de sucre, on récoltait le miel des abeilles pour sucrer les aliments.

Il n'y avait pas non plus de réfrigérateurs. Le sel servait à assaisonner et conserver la nourriture.

L'huile d'olive était très utilisée ; pour cuisiner bien sûr, mais aussi pour s'éclairer et soigner les blessures.

Première communion

Déjà tu peux participer à la messe. Quand tu connaîtras mieux Jésus, tu pourras communier pour la première fois : avec les autres chrétiens, tu recevras le pain de Vie, le Corps du Christ.

Tim et Léa donnent un goûter

Nous, on fait une surprise-partie. Chacun apporte ce qu'il veut pour manger.

Voici des chips.

J'ai apporté quelques chips

Les chips, c'est commode.

Nous avons pensé que des chips.

Pour une surprise-partie, c'est vraiment une surprise !

De la Mort

à la Vie

Chenillette

Chenillette était une toute petite chenille verte, qui vivait tranquille au pays des chenilles. Elle habitait sous une laitue, avec son papa-chenille, sa maman-chenille, et sa vieille mamie-chenille. Chenillette était très contente.

Un jour, elle s'aperçut que mamie-chenille avait disparu. Maman et papa-chenille lui dirent alors que mamie était partie pour entrer dans un cocon : elle s'était enroulée dans des fils tout blancs et après quelque temps, il ne resterait plus rien. Chenillette était très triste, parce qu'elle ne pourrait plus voir sa mamie.

Ses parents lui expliquèrent que la vie était comme ça, et que toute chenille entre dans un cocon un jour. Chenillette se mit à pleurer :
– C'est trop injuste ! Je ne veux pas ! Je ne veux pas !
Et Chenillette s'enfuit du plus vite qu'elle pouvait.

Chenillette alla se cacher dans un buisson épais, au fond du jardin. Ce buisson était sombre et plein d'épines. Chenillette décida d'y rester tout le temps.

Soudain elle entendit une voix qui l'appelait :
– Chenillette, petite chenille !
Elle ne voyait pourtant personne !
Mais la voix l'appela à nouveau :
– Chenillette ! Je suis là !
Et Chenillette vit une rose, très belle, très grande, qui semblait la regarder.
La rose dit :
– Chenillette, pourquoi pleures-tu ?
Et Chenillette raconta tout : la disparition de mamie, et cette horrible histoire de cocon.

Elle se remit à pleurer. La rose lui dit :
– Chenillette, tu me plais. Je comprend que tu sois triste parce que ta mamie a fini sa vie de chenille. Mais je vais te confier un grand secret : les chenilles qui entrent dans un cocon se transforment.
Alors, la rose dit à Chenillette :
– Ferme tes yeux.
Et Chenillette ferma les yeux.
– Fais silence dans ton cœur.
Et Chenillette calma le toc-toc de son cœur.
– Maintenant, imagine : de belles couleurs, des dessins merveilleux, la joie d'être libre !
Chenillette essaya d'imaginer : c'était très difficile.
– Tu ne peux pas voir ce que deviennent les chenilles, reprit la rose. Mais, je t'assure, c'est très beau, tu peux me croire. Chenillette, dans son cœur, retrouvait la joie.

– Oui, je te crois, répondit-elle.
Alors la rose disparut. Chenillette courut retrouver ses parents, pour leur raconter son histoire. Mais elle s'aperçut que personne ne la croyait vraiment. Il faut dire que les chenilles ont de si petits yeux qu'elles ne peuvent pas voir les papillons. Et je crois que, même si elles les voyaient, elles auraient beaucoup de mal à croire qu'ils ont été des chenilles, avant.

Chenillette vécut encore de longues années et, un jour, elle sut que son tour était venu. Elle fabriqua le fil qui allait s'enrouler pour faire un doux cocon où elle s'endormirait.

Mais elle n'avait plus peur.

D'une rive

Toute la journée, Jésus parle à la foule rassemblée sur la rive du lac de Galilée. Il y a tant de monde qu'il est obligé de monter sur une barque, à quelques mètres du rivage. Le soir venu, il dit à ses disciples : « Passons de l'autre côté du lac. » Aussitôt, ils laissent la foule et s'éloignent au large.

D'après Marc 4, 35-41

La nuit tombe. Tout à coup une grande tempête se lève. La barque est secouée. Les vagues se jettent dans la barque qui se remplit d'eau. Le danger est grand et les disciples ont très peur. Jésus, lui, dort sur un coussin à l'arrière du bateau.

à l'autre

Ils le réveillent et lui disent :
« Maître, nous allons mourir ! Cela ne
te fait rien ? »
Réveillé, Jésus menace le vent et dit
à la mer :
« Silence ! Tais-toi ! »

Le vent tombe aussitôt, tout redevient calme. Alors il dit à ses disciples : « Pourquoi avez-vous eu peur ? N'avez-vous pas confiance ? »

Peu après, ils débarquent sur l'autre rive. Ils sont étonnés et émerveillés devant cet homme capable de commander au vent
et à la mer.

Nous avons tourné, tourné,
Puis le manège s'est arrêté.
J'aurais voulu tourner encore,
C'était dur de tout laisser.
Cette fête je ne l'oublierai pas.

J'hésite sur le plongeoir,
Ils m'encouragent d'en bas.
Cette fois, c'est vraiment haut.
C'était dur de faire le pas,
Je suis fier de moi.

Nous sommes arrivés au chalet,
Je couche au dortoir des bleuets.
La maison est loin,
C'était dur de la quitter.
Je suis heureux d'être là.

Pour parler de Jésus, Paul a beaucoup voyagé. Dans les pays où il est passé, des gens sont devenus chrétiens. Ensuite, Paul leur a envoyé des lettres pour continuer à leur parler de Jésus et pour les encourager.

Jésus, ton amour est plus fort que la mort

« J'en suis sûr :
ni la mort, ni la vie,
ni la peur,
ni la souffrance,
rien ne pourra
nous séparer
de l'amour de Dieu,
qui s'est montré
en Jésus Christ. »

D'après Paul aux Romains 8, 38-39

Celui que j'aime n'est plus là.
Il ne me dira plus : « je t'aime ».
Je ne lui donnerai plus la main.
Jésus, j'ai trop de chagrin.

Tu as dit à tes amis :
« Jamais je ne vous laisserai
N'ayez pas peur. »

Moi, Jésus,
je crois ce que tu as dit.
Celui que j'aime est avec toi.
Hier, demain et aujourd'hui
Tu es la vie.

121

le sais-tu ?

Notre Père qui es aux cieux

(Voir page 33.)

C'est ainsi que commence la prière que Jésus nous a donnée. Cela ne veut pas dire que Dieu est assis dans les nuages et qu'il doit faire attention de ne pas se cogner à une fusée ! C'est pour nous aider à comprendre qu'on ne peut toucher Dieu, ni le voir comme nous voyons les personnes qui nous entourent.

Son amour de Père dépasse tout ce qu'on peut imaginer.

Lac de Galilée

Au nord du pays de Jésus se trouve un grand lac. Parfois, il est soulevé par de fortes tempêtes. Tout autour, les habitants vivent de la pêche. C'est une région que Jésus connaît bien : souvent, au bord du lac, il annonce la Bonne Nouvelle. (Tu peux voir la Carte du pays de Jésus page 50).

Sainte Blandine

Nous sommes à Lyon vers la fin du deuxième siècle après Jésus Christ. La loi romaine interdit d'être chrétien. Ceux qui croient en Jésus sont pourchassés comme des malfaiteurs : on les livre aux bêtes sauvages. Parmi eux, Blandine montre jusqu'au bout qu'elle croit en Jésus, son Sauveur (voir page 65). Elle encourage les autres.

La célébration des funérailles

Le vieux monsieur que Thomas voyait souvent au jardin public est mort. Il était très connu dans le quartier car depuis longtemps, il tenait le magasin de musique.

Thomas aimait y aller car il accueillait toujours les gens avec un grand sourire.

Avec sa maman, Thomas va à l'enterrement du vieux monsieur. Sa famille et ses amis sont là. Il y a beaucoup de fleurs, encore plus que d'habitude.

Dans la grande prière des chrétiens qui commence par : JE CROIS EN UN SEUL DIEU, tu trouveras cette affirmation de l'espérance : « J'attends la résurrection des morts et la vie du monde à venir. »

Thomas reconnaît la musique que le vieux monsieur lui avait fait écouter une fois, c'est du Mozart. Tout le monde chante pendant qu'on allume une petite bougie au grand cierge de Pâques. Le prêtre invite tout le monde à prier :

« Merci Seigneur pour la vie d'Armand ! Accueille-le dans ta lumière ! »

Pour Thomas, c'est une découverte : le vieux monsieur s'appelle Armand. Quelqu'un lit dans le gros livre le récit de Jésus qui se montre vivant à ses amis après sa mort. Thomas voit les gens s'approcher près du cercueil. Ils font un beau signe de croix avec de l'eau. La maman de Thomas lui propose de venir avec elle faire ce geste qui rappelle le baptême d'Armand. « Si tu préfères, tu peux aussi rester à ta place pour prier en silence, lui dit elle. » (Voir Baptême, page 18.)

Pour toujours, c'est jusqu'à quand ?

On dit parfois que l'éternité, c'est le temps qui dure, qui dure, qui dure... Bien sûr, ce n'est pas du tout ça !

La vie éternelle, c'est d'être tous rassemblés avec Dieu dans l'amour et la joie.

Et quand on aime ainsi, le temps ne compte plus.

Où est le paradis ? Où sont les morts ?

Nous ne pouvons pas répondre à ces questions.

Ce que nous savons c'est que Jésus nous a promis d'être un jour, tous réunis dans le bonheur de Dieu pour toujours.

C'est cela que nous appelons le paradis.

Des témoins de la vie

Comme Blandine, des milliers de chrétiens, tout au long de l'histoire, ont donné leur vie pour Jésus. Ils témoignent ainsi que Jésus est vivant et que l'amour et l'espérance sont plus forts que le mal et la haine.

Par exemple, au siècle dernier, Kisito, un enfant ougandais de 12 ans et ses compagnons ; ou pendant la Deuxième Guerre mondiale en Pologne, le père Maximilien Kolbe.

Aujourd'hui encore, dans bien des pays des chrétiens risquent leur vie pour être fidèles à leur foi en Jésus.

Tu as entendu parler du pasteur Martin Luther King, et du père Romero et du père Claverie qui étaient évêques.

Il y a beaucoup de façons de vivre pour les autres ; de leur donner son temps et son amitié. Par exemple, des gens s'organisent pour aider des personnes au chômage à se préparer à un nouveau travail.

Aidé par ses amis sportifs, Stéphane s'est préparé à une compétition en fauteuil roulant. Tous ensemble, ils ont fêté sa victoire !

Tim et Léa et l'arbre aux oiseaux

Oh, Tim, regarde : un oiseau mort !

On va le mettre dans une petite boîte.

Et on l'enterrera au pied de l'arbre.

On dirait qu'il a fait plein de petits !

Pâques,

lumière de vie

Le village aux Portes Fermées

Dans un pays très loin d'ici,
il y avait un village aux portes fermées.
Les gens qui y vivaient avaient
des cœurs fermés comme leurs portes.
Personne ne parlait à ses voisins,
ne prêtait rien, ne donnait rien.
Chacun gardait pour soi ce qu'il avait.
Et dans les maisons aux rideaux tirés,
on enfermait à clé dans les placards
le pain, le vin, le linge et les souliers.

Au bout du chemin, il y avait une chaumière abandonnée dont la porte battait au vent, car plus personne n'y vivait depuis longtemps.

Un soir de pluie, une fille
toute mouillée entre dans le village.
Elle frappe à la première porte et elle dit :
– J'ai froid, j'ai faim et je viens de très
loin. Ne pourriez-vous me donner
un morceau de pain, s'il vous plait ?
Derrière la porte fermée on lui crie :
– Passe ton chemin, la fille.
Nous n'avons pas de pain.

La fille dit tout bas :
– C'est dommage, en échange,
j'aurais pu vous donner
mieux que du pain.

La fille frappe à la
deuxième porte et elle dit :
– J'ai froid, j'ai faim
et je viens de très loin.
Ne pourriez-vous me donner
un bol de lait, s'il vous plaît ?
Derrière la fenêtre aux rideaux tirés,
une voix lui crie :
– Du lait ? As-tu de l'argent pour payer ?
La fille dit tout bas :
– C'est dommage,
en échange j'aurais pu vous donner
plus que de l'argent.

La fille frappe à la troisième porte
et elle dit :
– J'ai froid, j'ai faim
et je viens de très loin.
Est-ce que je pourrais
dormir rien qu'une nuit
dans votre grenier ?
Cette fois, la porte
s'ouvre juste assez
pour laisser dépasser un nez :
– Il n'y a pas de place pour toi, ici.
Va donc au bout du chemin. Il y a
une maison vide, tu y seras très bien.
La fille dit tout bas :
– C'est dommage, pour vous remercier,
j'aurais pu vous donner
mieux que la chaleur d'un grenier.

La fille s'en va vers la chaumière,
et le bruit de ses pas sur la route mouillée
frappe à petits coups aux portes fermées,
tinte sur les vitres des fenêtres
aux rideaux tirés.

Dans la première maison,
une femme l'entend et elle se dit :
– Un morceau de pain, ce n'est rien.
Et qu'est-ce que cette fille a dit
qu'elle me donnerait en échange ?
La femme attend qu'il fasse bien nuit
pour que personne ne la voie.
Elle glisse un pain sous son manteau
et elle s'en va sur le chemin.

Dans la deuxième maison,
un homme l'entend et se dit :
– Un bol de lait, qu'est-ce que c'est ?
Et cette fille n'a-t-elle pas dit qu'elle
pouvait me payer ?

Et dès qu'il fait bien nuit,
l'homme prend un cruchon de lait
et il s'en va sur le chemin.

Dans la troisième maison,
une vieille l'entend et elle se dit :
– Il doit faire humide et froid, là-bas !
D'y penser, ça me fait froid aussi.
Cette fille n'a-t-elle pas parlé
de quelque chose qui réchauffait ?
Et dès qu'il fait bien nuit,
la vieille prend la clé de son grenier
et elle s'en va sur le chemin.

Et voici que tous les trois, la femme,
l'homme et la vieille, se retrouvent devant
la chaumière, l'une avec son pain, l'autre
avec son lait, la troisième avec sa clé.
Ils se regardent tout gênés.
La femme dit :
– Ce n'est qu'un peu de pain.

L'homme dit :
– Et rien qu'un peu de lait.
La vieille soupire :
– Et rien que la clé
de mon grenier.

Ils poussent la porte,
ils entrent. Et ils sont
bien étonnés,
car la maison est vide.
La fille a disparu.
La vieille femme regarde
autour d'elle
puis elle dit timidement :
– Si on nettoyait un peu cette chaumière,
si on mettait une clé sur la porte,
les voyageurs qui passent
auraient un endroit où loger.
L'homme dit :
– Et aussi un morceau de pain,
ça ne coûterait
presque rien !

Alors tous les trois
se regardent.
Ils se sentent bien, si bien,
comme s'ils avaient reçu
quelque chose
de meilleur que le pain,
de plus précieux
que l'argent, quelque
chose qui chauffe
le corps et le cœur.
Et aussitôt, tous les trois,
ils courent vers le village
en appelant :
– Réveillez-vous ! Levez-vous !
Ouvrez vos portes et tirez vos rideaux !
Venez tous écouter ce que nous avons
à vous raconter !

131

Jésus monte

Jésus aime tout le monde, mais tout le monde ne l'aime pas. Les chefs de son peuple se méfient de lui. Certains pensent même à le tuer. Pourtant, il marche courageusement vers Jérusalem pour la fête de la Pâque. Quand il arrive, des gens coupent des branches et étendent leurs manteaux sur la route. Ils suivent Jésus en criant : « Hosanna, béni soit celui qui vient au nom du Seigneur. »

D'après l'évangile de Jean

Jésus rassemble ses amis une dernière fois. Il leur dit : « Il n'y a pas de plus grand amour que de donner sa vie pour ceux qu'on aime. Je retourne vers mon Père et vous ne me verrez plus. » Ses amis sont tout tristes. Alors, il leur dit : « Je ne vous laisserai pas seul, je vous enverrai l'Esprit Saint. »

à Jérusalem

Plus tard dans la nuit, Jésus et ses amis vont au Jardin des Oliviers. Jésus prie. Des soldats arrivent avec des épées et des torches. Judas est avec eux. Ils prennent Jésus et le font prisonnier. Les amis de Jésus ont très peur, ils vont se cacher.

Jésus est jugé et condamné à mort. Les soldats le mettent sur la croix. C'est ainsi que les Romains font mourir les bandits. Jésus, lui, sait bien qu'il meurt par amour.
Il a rempli sa mission :
« Père, en tes mains
je remets ma vie. »

Jésus est mort. C'est vendredi, veille de la grande fête de la Pâque. Deux de ses amis déposent le corps de Jésus dans un tombeau creusé dans un rocher. Puis ils roulent une lourde pierre pour refermer le tombeau.

Quelle surprise au matin du troisième jour ! De bonne heure, des femmes qui aimaient Jésus, arrivent près de son tombeau. Elles voient la grosse pierre roulée sur le côté : le tombeau est vide ! Un messager de Dieu leur dit : « Ne cherchez pas Jésus ici ! Il est ressuscité ! Allez dire la Bonne Nouvelle : Il est vivant ! »

Une lumière a jailli,
je ne peux la garder pour moi.

A tout le monde,
je vais crier cette grande nouvelle.

Jésus Christ est ressuscité, alléluia !

En moi, il fait passer la force de sa vie.

Il est vraiment ressuscité, alléluia !

A sa suite, je suis vivant.

Il est vraiment ressuscité, alléluia !

le sais-tu ?

Carême

Pendant 40 jours, les chrétiens se préparent à la grande fête de Pâques.

Ils écoutent avec attention les paroles de Jésus.

Ils découvrent que Jésus leur demande de changer leur cœur, de pardonner, de partager.

On appelle ce temps le carême. C'est le début du printemps, on veut sortir, courir, respirer. Dans les cœurs aussi, il faut que tout soit remis à neuf.

La veillée pascale

La veillée pascale commence par la bénédiction du feu nouveau. Il fait nuit. Devant l'église, les chrétiens se sont rassemblés. Un grand feu est allumé.

Le prêtre allume le cierge de Pâques et le montre bien haut.

Quelqu'un annonce au micro la grande joie : « Jésus est vivant ! Il est ressuscité ! » Peu à peu, les gens rentrent dans l'église qui s'éclaire.

Ensuite, on écoute les lectures de la Bible qui rappellent l'alliance de Dieu avec les hommes. L'alléluia qu'on n'avait pas entendu pendant tout le carême éclate. Quelle fête !

Puis le prêtre bénit l'eau : « Merci Seigneur pour cette eau jaillissante, signe de la vie nouvelle qui jaillit parce que Jésus est vivant. »

On retrouve l'eau et le cierge dans la célébration du baptême et des funérailles. (Voir LES SACREMENTS, page 18 et LA CÉLÉBRATION DES FUNÉRAILLES, page 123.)

Des femmes disciples de Jésus

Quand Jésus parcourt villes et villages pour annoncer la Bonne Nouvelle, beaucoup de gens le suivent.
Les douze apôtres l'accompagnent et aussi des femmes : Marie-Madeleine, Jeanne, Suzanne et d'autres.

Nous retrouvons certaines de ces femmes à Jérusalem au pied de la croix de Jésus. Elles sont avec ceux qui mettent Jésus au tombeau.

Le matin de Pâques, ce sont elles qui reçoivent la première annonce de la Résurrection et qui vont le dire aux apôtres.

Jardin des oliviers

C'est une colline, à l'est de Jérusalem, plantée d'oliviers. L'olivier est un arbre très répandu dans les pays méditerranéens. (Voir LA NOURRITURE AU TEMPS DE JÉSUS, page 110.)

Les Romains

Le pays de Jésus, la Palestine, fait partie de l'Empire romain. Ce sont des Romains qui le gouvernent au moment de la mort de Jésus.

Tombeau

Au temps de Jésus, la coutume était de creuser une grotte dans le rocher pour y déposer les morts.

Des cloches de Pâques

A partir du vendredi avant Pâques, les cloches des églises s'arrêtent de sonner : c'est pour rappeler le silence où est entré Jésus quand il est mort. Mais elles carillonnent à nouveau le matin de Pâques pour rappeler sa résurrection !

Chaque jour de l'année, quand elles sonnent, elles nous rappellent Jésus vivant qui nous rassemble.

Des œufs en chocolat

L'œuf est plein de mystères : qu'est-ce qui se prépare en secret, bien à l'abri derrière sa coquille ? Le moment venu, un poussin sort au grand jour. L'œuf est une promesse, un signe de vie.

Dans de nombreux pays de l'est de l'Europe, on échange à Pâques des œufs décorés. Chez nous, on offre surtout des œufs en sucre ou en chocolat.

Les lièvres de Pâques

Dans certaines régions de France, la coutume veut que ce soit un lièvre qui distribue les friandises aux enfants le jour de Pâques : des pains d'épices et des bonbons en sucre.

Le lièvre court vite, c'est bien connu ! Peut-être évoque-t-il l'urgence qu'il y a à annoncer partout la Bonne Nouvelle de la Résurrection.

Danse

la lumière

Matthieu la Grisaille

Il était une fois un petit garçon qui s'appelait Matthieu et qui voyait le monde tout en gris.
Les murs de sa chambre, le plancher et le plafond : tout gris. Si gris, qu'il n'avait jamais envie d'y jouer.

A table c'était pareil : les bons repas que sa maman lui préparait soigneusement étaient gris. Même les gâteaux étaient tout gris ; tellement qu'il n'avait pas d'appétit et que rester à table était pour lui comme une punition.

Avec les jeux, c'était pareil : ses jouets lui semblaient tout gris. Sa sœur, ses camarades d'école : tout gris également. Il n'avait pas envie de les embrasser ou d'aller jouer avec eux.

Et quand il se regardait dans le miroir, il ne voyait que du gris. Dans tout ce gris, Matthieu était très seul et très malheureux : dans son cœur et dans sa tête, il n'y avait que du gris. Et même parfois, quand la nuit venait, tout ce gris faisait un gros tas de noir.

Dans le village, on l'appelait Matthieu la Grisaille.

144

Ses parents étaient très inquiets. Ils s'en allèrent chez de grands savants qui savent beaucoup de choses. Mais aucun ne sut expliquer ce qui était arrivé au petit garçon. Ils avaient beau se gratter le menton ou le crâne, ils avaient beau lire de très grands livres pleins de mots mystérieux, ils avaient beau discuter des heures : rien, ils ne savaient rien. Ils ne savaient pas pourquoi Matthieu voyait tout en gris. Et ils renvoyèrent l'enfant et ses parents qui faisaient grise-mine, et on les comprend...

Mais un beau jour, où tout était plus gris que d'habitude, Matthieu la Grisaille en eut assez et partit de chez lui.

Derrière sa maison, il y avait une grande montagne. Je vais monter tout là-haut, se dit Matthieu. On m'a dit que le ciel y est très bleu. Et peut-être qu'enfin je verrai autre chose que du gris.

Il marcha longtemps, car la montagne était vraiment très haute. Quand il arriva au sommet, il tourna son visage vers le ciel, et regarda de toutes ses forces : mais le ciel était gris !
– Oh non ! cria le petit garçon, en se laissant tomber par terre, ce n'est pas possible : même ici le ciel est gris, même ici...

– Bien sûr
que le ciel est gris,
dit une grosse voix
qui le fit sursauter,
il est plein de nuages !

Matthieu se releva
brusquement, apeuré :

– Qui es-tu, demanda-t-il au vieil
homme qui se tenait devant lui ?

– Je suis le vieil homme
de la montagne, j'habite ici. Et toi ?

Matthieu la Grisaille raconta
sa triste histoire.

– Montre-moi tes yeux, dit le vieil
homme de la montagne, regarde-moi
bien en face.

Il prit dans ses mains le visage
de l'enfant, et il regarda Matthieu
les yeux dans les yeux, longtemps...

– Je vois ce qui t'arrive : il manque
quelque chose dans ton regard ;

il manque la petite
étincelle qui fait
briller les yeux.
Attends, je crois
que je peux faire
quelque chose pour toi...
Ne bouge pas.

Et doucement, très doucement,
le vieil homme effleura de ses doigts
les yeux de Matthieu.

– Maintenant, ouvre tes yeux !

Le petit garçon ouvrit les yeux et
fixa le ciel.

– Mais, dit-il très déçu, il est toujours gris !

– Regarde bien, répondit le vieil homme.
Ce sont les nuages que tu vois.
Comment sont-ils ?

Matthieu raconta alors qu'il y avait
des nuages plus gris, d'autres moins
gris ; certains étaient presque noirs,
d'autres presque bleus.

146

– C'est bien, dit le vieil homme,
c'est très bien.

C'est ainsi que Matthieu apprit
toutes les sortes de gris qu'il y avait
dans les nuages.

Il resta longtemps sur la montagne
avec le vieil homme.

Tous les matins, le vieil homme
effleurait ses yeux et tous les jours le
garçon apprenait de nouvelles couleurs.
Il découvrait ainsi que le vert des sapins
n'est pas le même que le vert
de l'herbe, que le bleu du ciel n'est pas
le même que le bleu du lac,
que l'or du soleil n'est pas le même
que l'or des tournesols. Une nuit,
il s'aperçut même que les étoiles avaient
des couleurs différentes, que la lune,
orange au coucher du soleil, devenait

presque bleue
quand le matin se
levait derrière
la forêt.
- Maintenant,
je crois que tu peux
rentrer chez toi,
dit le vieil homme
de la montagne.

Matthieu revint à la maison. Ce fut
une grande fête lorsqu'il retrouva tout
le monde. Ce fut une fête plus grande
encore lorsque le petit garçon se regarda dans le miroir : dans ses yeux,
il vit deux petits points de lumière.
– Maintenant, s'écria-t-il, je ne serai
plus jamais Matthieu la Grisaille.
Je suis Matthieu
les Beaux Yeux !

147

Quand Jésus

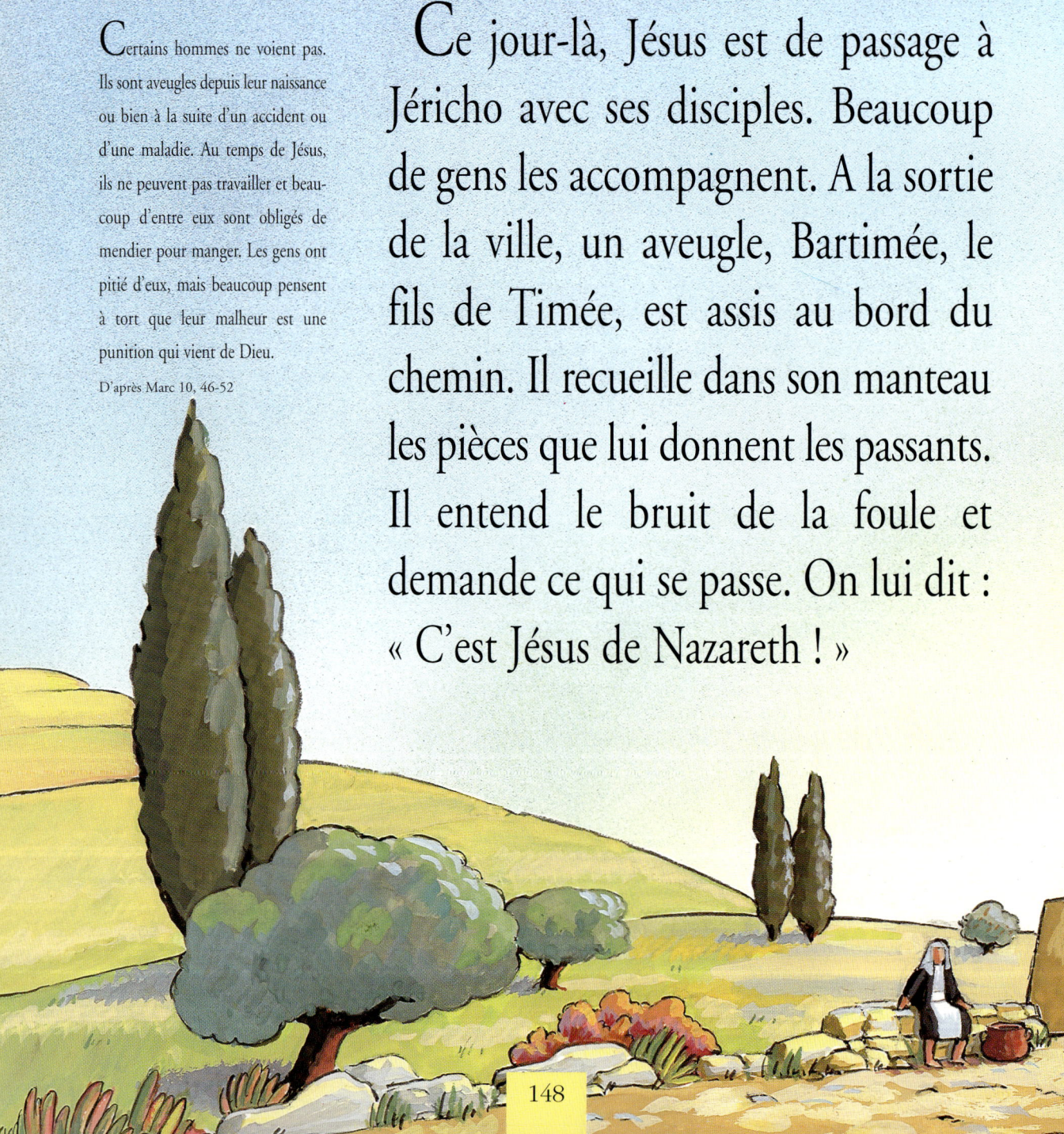

Certains hommes ne voient pas. Ils sont aveugles depuis leur naissance ou bien à la suite d'un accident ou d'une maladie. Au temps de Jésus, ils ne peuvent pas travailler et beaucoup d'entre eux sont obligés de mendier pour manger. Les gens ont pitié d'eux, mais beaucoup pensent à tort que leur malheur est une punition qui vient de Dieu.

D'après Marc 10, 46-52

Ce jour-là, Jésus est de passage à Jéricho avec ses disciples. Beaucoup de gens les accompagnent. A la sortie de la ville, un aveugle, Bartimée, le fils de Timée, est assis au bord du chemin. Il recueille dans son manteau les pièces que lui donnent les passants. Il entend le bruit de la foule et demande ce qui se passe. On lui dit : « C'est Jésus de Nazareth ! »

rencontre Bartimée

Bartimée a entendu parler de Jésus. Il sait que cet homme fait du bien à ceux qui souffrent. Il croit que Jésus est l'envoyé de Dieu, le Messie. Alors il se met à crier : « Fils de David, aie pitié de moi ! » Les gens le repoussent : « Tais-toi ! Laisse Jésus tranquille ! » Bartimée, lui, crie de plus belle : « Fils de David, aie pitié de moi ! »

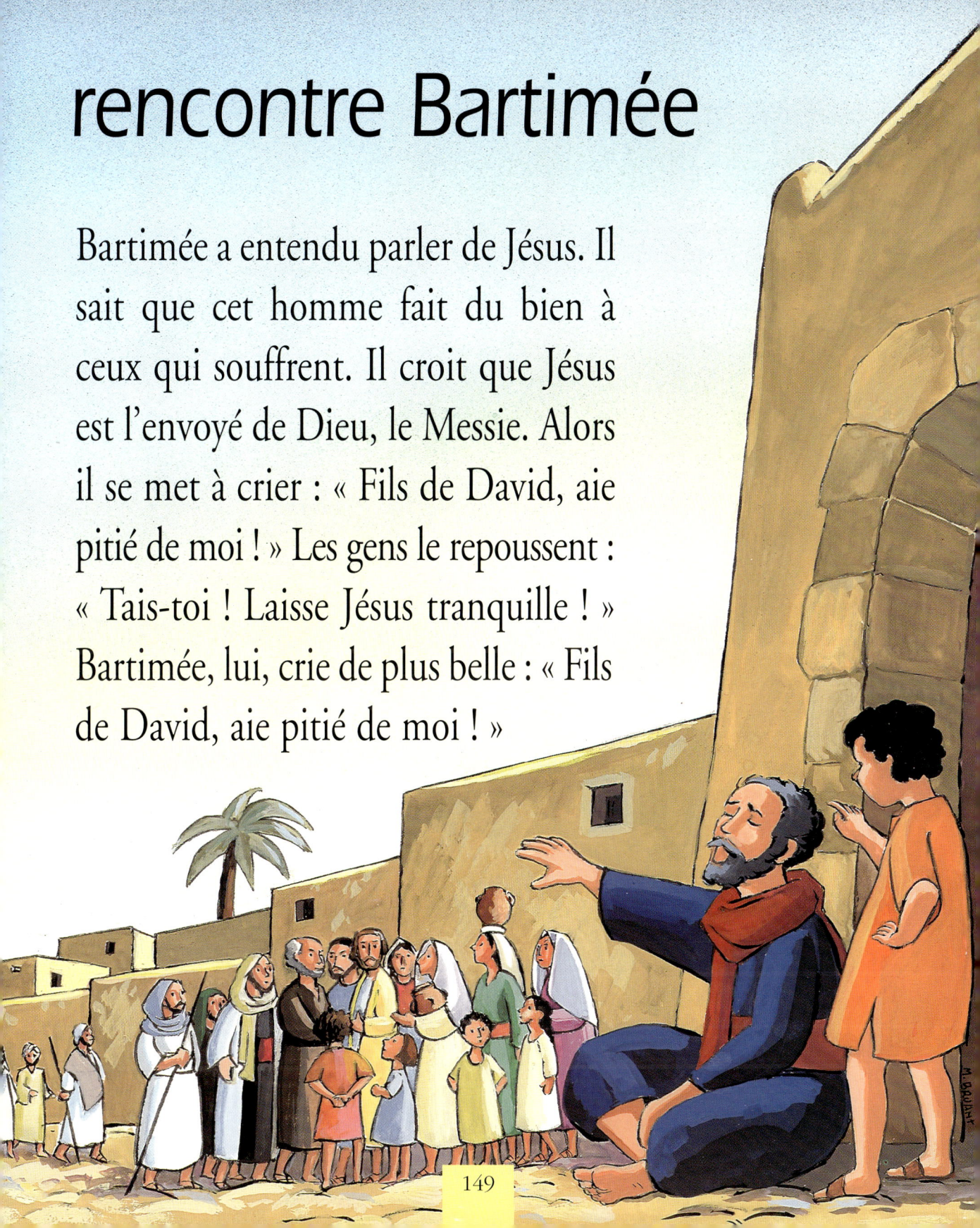

Jésus l'entend, il s'arrête : « Appelez-le. » Les gens lui disent alors : « Confiance ! Lève-toi ! Jésus t'appelle. » Aussitôt Bartimée jette son manteau, bondit et vient vers Jésus. Jésus lui dit : « Que veux-tu que je fasse pour toi ? » – « Maître, que je voie ! » – « Va, ta foi t'a sauvé. » Aussitôt Bartimée retrouve la vue et, plein de joie, il suit Jésus sur le chemin, avec les disciples.

En rentrant de l'école mes yeux cherchent
Un, deux, trois étages, la fenêtre du milieu
Une lumière brille
Tu m'attends
Ensemble on va passer
de bons moments.

Une photo, des dessins, mes coquillages
En pleine lumière
Sur le mur de ma chambre
Ils me parlent de mille et une merveilles
Tout s'illumine grâce au soleil.

La lumière qui danse dans les arbres
Le soleil qui joue avec la pluie
Un regard qui encourage
Un visage qui rayonne
Bartimée a retrouvé la vue
Et marche à la suite de Jésus.

Jésus, ta parole éclaire ma vie

Un jour, Jésus prend avec lui Pierre, Jacques et Jean et les emmène à l'écart sur une haute montagne. Il est transfiguré devant eux : il est tout enveloppé de lumière ; il resplendit comme le soleil ; ses vêtements deviennent éblouissants comme la neige, et une voix dit :

« Celui-ci est
mon fils bien-aimé ;
écoutez-le. »

Marc 9, 7

Comme la lampe
éclaire ma maison,
ta Parole éclaire ma vie.

Comme le phare
guide le marin,
ta lumière guide mes pas.

Comme le soleil
réveille le jour,
tes mots réveillent le bonheur.

Comme le feu
fait danser la nuit,
ton amour fait danser mon cœur.

Comme Pierre, Jacques et Jean,
nous accueillons ta lumière,
Seigneur,
et nous voulons te suivre.

153

le sais-tu ?

Chandeleur

Le 2 février, on fête la chandeleur. Les chrétiens se souviennent d'un récit de l'Evangile : Jésus, tout petit, vient au Temple porté par ses parents. Un vieil homme, Syméon, reconnaît en Jésus le Messie. Eclairé par l'Esprit Saint, il s'écrie : « J'ai vu de mes yeux celui qui est la lumière de tous les peuples. »

La chandeleur est une fête de la lumière. Quand l'électricité n'existait pas, on s'éclairait avec des chandelles, sorte de bougies.

C'est pour cela que cette fête de la lumière s'appelle « chandeleur ». Ce jour-là, on fait des crêpes car au 5e siècle, le pape Gélase 1er distribuait aux pèlerins des gaufres rondes.

Miracles

Jésus a guéri Bartimée. (Tu peux lire ce récit page 148.) Il a partagé les pains pour la foule. Il a calmé la tempête. On dit que ce sont des miracles. Jésus ne cherche pas à jouer au magicien. Il veut montrer que Dieu, son Père, est vraiment bon pour tous les hommes. Ses miracles sont des signes visibles de l'amour de Dieu pour nous.

Paul

Au début, Paul est un juif qui veut combattre tous les amis de Jésus. Et voilà que ses yeux s'ouvrent : il comprend qu'il s'est trompé.

Il devient disciple de Jésus et se met à annoncer la Bonne Nouvelle, tout en gardant son métier de réparateur de tentes. Paul est un peu risque-tout. Il aime l'aventure et c'est lui qui portera l'Evangile dans des pays lointains : il ira jusqu'à Rome. Il est tout brûlant de l'amour de Dieu.

On lit encore aujourd'hui les lettres qu'il a envoyées aux communautés chrétiennes. (Tu peux lire un passage de la Lettre aux Romains page 120.)

Marie

Par les évangiles nous savons que la mère de Jésus s'appelle Marie. Nous savons aussi qu'elle a dit « oui » quand Dieu lui a demandé d'être la mère du Messie. C'est avec Marie et Joseph son époux que Jésus grandit. Il étonne parfois ses parents : comme le jour où il est resté au Temple. (Tu peux lire ce récit page 12.)

Marie garde dans son cœur tous ces événements.

Aujourd'hui, beaucoup de gens aiment Marie et se confient à sa prière. L'exemple de sa foi est une lumière dans leur vie.

Vitrail

As-tu remarqué que les fenêtres des églises sont souvent faites avec des morceaux de verre très colorés ?

En levant un peu la tête, tu peux arriver à voir ce qui est représenté : des événements de la Bible ou de l'Evangile, des saints, l'histoire des chrétiens de la région... Quand le soleil brille, il traverse les vitraux et les éclaire. La lumière joue avec les couleurs.

Réjouis-toi, Marie,
comblée de grâce.
Le Seigneur est avec toi.
Tu es bénie entre les femmes
et Jésus, ton enfant, est béni.
Sainte Marie, mère de Dieu,
prie pour nous
pauvres pécheurs,
maintenant
et à l'heure de notre mort.
Amen.

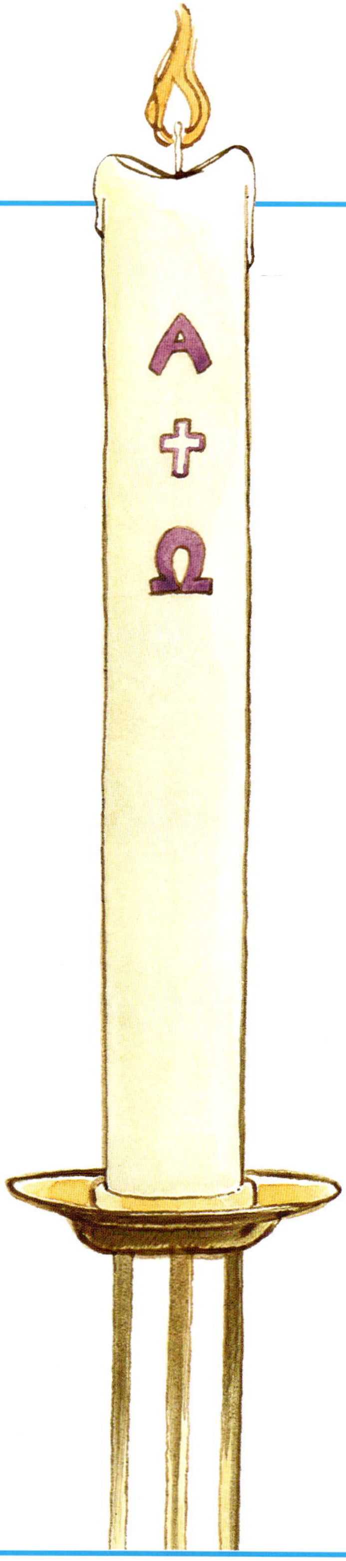

Cierge

Quand ils veulent prier, les chrétiens aiment allumer de belles bougies qu'on appelle des cierges. On les pose sur l'autel au moment de la messe. Quelquefois, on les tient bien haut, à côté de la Bible lors de la lecture. On peut aussi en allumer à la maison pour prier. Ils sont le signe de la présence du Seigneur.

La nuit de Pâques, on allume le cierge pascal au grand feu nouveau.
(Voir La veillée pascale, page 139.)

Sur ce cierge plus grand que tous les autres, on a dessiné une croix et on a inscrit l'année autour. Souvent, il y a aussi la première et la dernière lettre de l'alphabet grec. Cela signifie que, du début à la fin des temps, d'un bout du monde à l'autre, Jésus Christ est vivant.

Lors des baptêmes, on remet au parrain du nouveau baptisé un cierge allumé au cierge pascal. Avec Jésus, les baptisés sont lumière autour d'eux.
(Voir Baptême, page 18.)

Tim et Léa n'y voient rien

La terre

que j'habite

Dans le jardin de Grand-père

L'orage s'en va, le soleil revient. Grand-père est au jardin.
– Oh Grand-père, on peut venir avec toi ?
– Oui, mais prenez vos bottes, sinon vous aurez les pieds pleins de terre !

Paul et Mélanie sont cousins. Leurs parents ont profité d'un grand week-end pour venir chez Grand-père sur l'île de Noirmoutier. Grand-mère est si heureuse quand tout le monde se retrouve à la maison !

– Qu'est-ce que je peux faire, moi ? s'écrie Paul en voyant son grand-père arracher les pommes de terre.
– Et moi ? dit Mélanie, qui regarde attentivement la grande montée d'un petit escargot sur un vieil arrosoir.
– Toi, Paul, détache les pommes de terre qui restent accrochées aux racines. Et toi, Mélanie, fouille dans la terre, au cas où il en resterait encore quelques petites ça et là... Et mettez tout dans le panier !
Ah ! Plonger à pleines mains dans la terre toute tiède, quel bonheur !
– Oh un bonbon ! observe Mélanie.
– Ne le mets pas dans la bouche, c'est une larve ! Bientôt, ce sera une bête !
Paul s'exclame à son tour :
– Voilà une pomme de terre, mais il n'y a rien dedans !

– Ça, dit Grand-père en se redressant
et en calant la bêche bien droite
à côté de lui, mais c'est la pomme
de terre qui a donné naissance aux
autres. Je l'ai mise en terre au printemps,
regarde tout ce qu'elle a donné !
– Mais pourquoi il n'y a que la peau ?
– Elle s'est vidée d'elle-même
pour donner la vie à toutes les autres
pommes de terre.

Paul et Mélanie sont surpris. Il fait
bon découvrir le jardin de Grand-père.
Il est tellement heureux de nous donner
tous ces légumes quand on vient le voir.
Grand-père a l'expérience, il connaît
les choses de la terre. Il prend plaisir
à la cultiver, maintenant qu'il a le temps,
et il parle d'elle comme si elle était vivante.
– La vie est forte, tu sais, c'est ce que
la terre m'a appris.

Souvent, je prie Dieu
en faisant mon jardin.
– Tu lui dis quoi ?
– Je lui dis merci pour
tout ce qu'il donne.
Et je le prie pour vous.
La vie c'est aussi
quand les enfants grandissent. Mélanie,
tu m'aides à porter le panier ?
Grand-mère attend les pommes de terre.
– Et moi, je suis sûre qu'elle va dire :
« Vous verrez comme c'est bon avec
un peu d'ail et de persil. »
– Le persil ! J'allais l'oublier ! Tu vois Paul,
ce qui est beau aussi dans la nature,
c'est de trouver ce qui va bien ensemble.
– Comme nous en ce moment,
s'exclame Mélanie en prenant la main
de ce grand-père qui est dans son cœur
le plus grand et le plus merveilleux
de tous les jardiniers de la terre.

161

Quand Jésus

Jésus a passé son enfance et sa jeunesse dans le petit village de Nazareth au milieu des collines de Galilée. Ensuite, il a beaucoup marché avec ses disciples sur les routes et les chemins de son pays. Souvent, il a traversé en barque le lac de Galilée pour annoncer à tous la Bonne Nouvelle de Dieu. Ses yeux observent les plantes, les animaux et aussi le travail des cultivateurs et des bergers. Ce qu'il voit lui fait penser à Dieu son Père et à son amour pour les hommes, ses enfants. Parfois, il reste seul pour prier.

Un jour, Jésus, regarde les oiseaux qui volent dans le ciel et les fleurs qui poussent dans les champs.

D'après Matthieu 6, 25-33

Il dit à ses amis :
« Ne vous inquiétez pas, ne vous faites pas de souci. Regardez les oiseaux du ciel. Ils ne sèment ni ne moissonnent. Ils n'amassent pas le grain dans les greniers et votre Père du ciel les nourrit. »

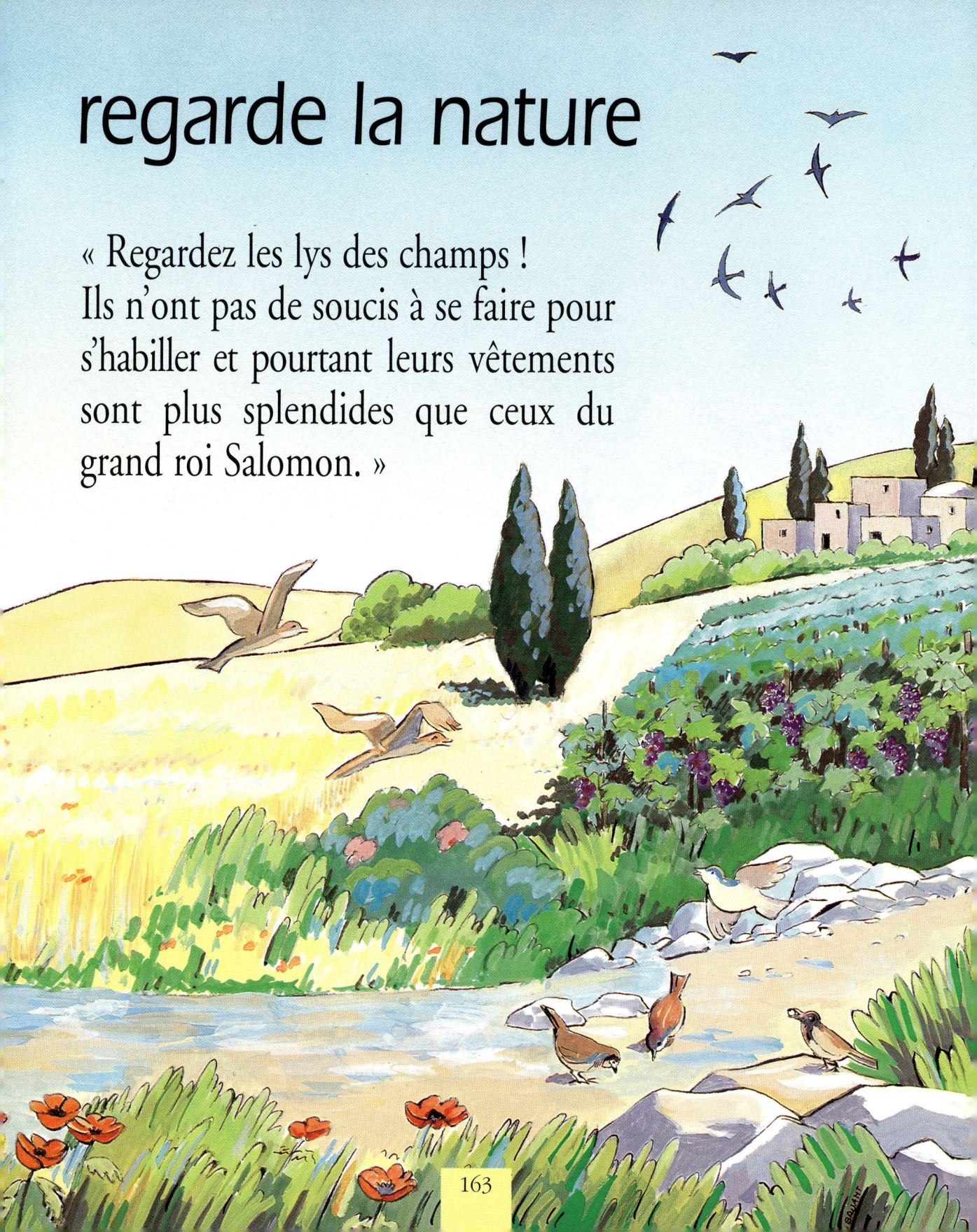

regarde la nature

« Regardez les lys des champs !
Ils n'ont pas de soucis à se faire pour
s'habiller et pourtant leurs vêtements
sont plus splendides que ceux du
grand roi Salomon. »

163

Et Jésus ajoute : « Pour Dieu, vous êtes plus importants que toutes les fleurs des champs. Vous valez bien plus que tous les oiseaux. Alors, faites confiance à votre Père du ciel ! »

Ce matin tout doucement,
Les flocons tombaient en dansant.
Et même si le froid gèle mes doigts,
C'est beau la neige, crois-moi !

Quand le soleil est là,
Je suis de bonne humeur.
J'écoute les oiseaux chanter sous le toit,
Et j'ai envie, moi aussi de chanter ma joie !

Mais quand sur toutes les heures tombe la pluie,
Je suis triste et souvent je m'ennuie.
Mais quand je prends soin des fleurs que j'ai plantées,
Je vois bien qu'il faut les arroser.

Avec Papa, dimanche dernier,
Nous avons visité un grand chantier,
Un tunnel qui va de l'autre côté.
C'est beau ce que les hommes savent inventer.

La Genèse est le premier livre de la Bible. C'est un grand poème où Dieu appelle l'homme à être un partenaire. Dieu fait du monde le lieu de son amitié avec nous.

Merci Seigneur pour le monde

« Le Seigneur Dieu
prend l'homme
et l'installe
dans le jardin d'Eden
pour qu'il le cultive
et le garde. »

Genèse 2, 15

Merci Seigneur, pour la terre,
Cette grosse boule ronde au milieu des étoiles.

Merci pour les animaux,
les énormes et les minuscules,
La coccinelle qui monte sur ma main,
La girafe qui me salue de haut.

Merci surtout pour les hommes et les femmes,
Ils sont des milliards de tous les pays,
Et parmi eux, il y a moi.

Même si je suis tout petit,
Avec ton Esprit, Seigneur,
Je peux continuer,
A construire le monde aujourd'hui.

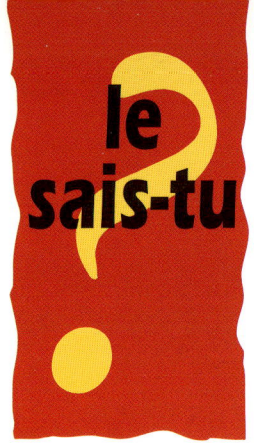

le sais-tu ?

Créateur

Allongé dans l'herbe un soir d'été, Marion interroge son papa : « Qui a fait toutes ces étoiles ? » Son papa lui répond tranquillement : « C'est Dieu, le créateur de tout ce qui existe, le monde, les plantes, les animaux... Mais créer, ce n'est pas fabriquer. Tu comprendras petit à petit que Dieu a voulu tout créer par amour.

Sa plus belle réussite, ce sont les êtres humains, comme toi, Marion, qui es capable de me poser cette question !

Tu ne trouves pas ? »

Saint François d'Assise

A Assise, dans son village, à la fin du douzième siècle, on connaissait ce jeune plutôt sympathique, qui aimait bien s'amuser, dépenser de l'argent, s'habiller avec de beaux vêtements, comme ceux que son père vendait.

Un jour, il découvre l'amour de Dieu et il décide alors de vivre pauvrement à la campagne.

Il trouve la paix dans cette simplicité et se veut frère de toutes créatures. On raconte qu'il a apprivoisé un loup et qu'il a demandé aux oiseaux de se taire pendant qu'il parlait de Jésus sur la place d'un village.

Cantique des créatures

Prière de saint François

Béni sois-tu, mon Seigneur,
avec toutes tes créatures,
et spécialement Messire frère Soleil.
Par lui tu nous donnes la lumière du jour.
Il est beau, il rayonne de splendeur.
Il est pour nous un signe de toi.

Béni sois-tu, mon Seigneur,
pour sœur Lune
et pour les étoiles ;
dans le ciel tu les as placées,
claires, précieuses et belles.

Béni sois-tu, mon Seigneur,
pour frère Vent,
pour l'air et les nuages,
pour le ciel clair et tous les temps
et pour tout le soutien
que tu donnes à tes créatures.

Béni sois-tu, mon Seigneur,
pour sœur Eau qui est humble
et fort utile, précieuse et pure.

Béni sois-tu, mon Seigneur,
pour frère Feu ;
par lui tu nous donnes
de la lumière pour la nuit ;
il est beau et joyeux,
robuste et fort.

Béni sois-tu, mon Seigneur,
pour sœur Terre ;
elle est maternelle pour nous,
elle nous porte et nous instruit,
elle produit les fruits variés,
les fleurs aux mille couleurs
et l'herbe des champs.

Béni sois-tu, mon Seigneur,
pour ceux qui pardonnent
à cause de ton amour
et supportent les douleurs et les épreuves ;
heureux ceux qui persévèrent alors dans la paix,
car par toi, mon Seigneur, ils seront glorifiés.

Béni sois-tu, mon Seigneur,
pour notre sœur la Mort
à qui nul homme vivant ne peut échapper.
Malheureux ceux-là seuls qui meurent
en refusant ton amour, mais bienheureux
ceux qui ont accompli ta sainte volonté,
ils sont délivrés de la peur.

Louez et bénissez mon Seigneur,
rendez-lui grâce
et servez-le avec une grande humilité.

Solidarité

Les hommes ont du mal
à s'entendre et à partager,
ils se font même la guerre !
Pourtant, Dieu les a faits
pour vivre ensemble.

Avec beaucoup d'autres,
des chrétiens travaillent
pour un monde meilleur
où chacun trouve sa place.

Jardin d'Eden

La Bible raconte que Dieu a
planté un beau jardin nommé
Eden dans une région ensoleillée
et arrosée par quatre fleuves.

On l'appelle quelquefois
le paradis terrestre. Dieu
y installe l'homme pour qu'il
cultive et garde ce jardin.
C'est une image pour dire la vie
que Dieu propose à l'homme.

Dieu notre Père,

Tu nous as réunis, et nous sommes devant
toi pour te fêter, pour t'acclamer et te dire
l'émerveillement de nos coeurs. Sois loué pour
ce qui est beau dans le monde et pour la joie
que tu mets en nous. Sois loué pour la lumière
du jour et pour ta parole qui nous éclaire. Sois
loué pour la terre et les hommes qui l'habitent,
sois loué pour la vie qui nous vient de toi.

Oui, tu es très bon, tu nous aimes et tu fais
pour nous des merveilles.(...)

Toi, tu penses toujours aux hommes.
Tu ne veux pas être loin d'eux, tu as envoyé
parmi nous Jésus, ton Fils bien aimé. Il est venu
nous sauver : il a guéri les malades, il a pardonné
aux pécheurs. A tous, il a montré ton amour ;
il a accueilli et béni les enfants.

Préface de la prière eucharistique pour enfants n°1.

Tim et Léa contemplent

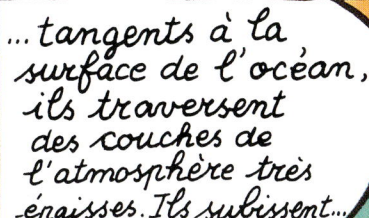

Tu vois, Léa, comme la Terre est ronde, à l'endroit où les rayons du soleil passent...

... tangents à la surface de l'océan, ils traversent des couches de l'atmosphère très épaisses. Ils subissent...

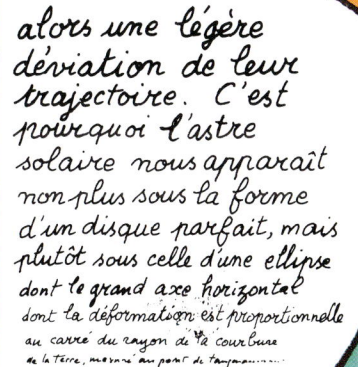

alors une légère déviation de leur trajectoire. C'est pourquoi l'astre solaire nous apparaît non plus sous la forme d'un disque parfait, mais plutôt sous celle d'une ellipse dont le grand axe horizontal dont la déformation est proportionnelle au carré du rayon de la courbure de la Terre, mesuré au point de l'éloignement...

Chut ! J'écoute le soleil qui se couche.

BRUNO LE SOURD.

LES GESTES CHRETIENS

LES TEMOINS

LES PRIERES

LES MOTS EXPLIQUES

Contes

Joël Allaz

Claire Clément

Elisabeth Courtois

Marie-Hélène Delval

Christiane Gaud

Jean-Luc Naouri

Illustrations

Monique Bruant

Bruno Le Sourd

Anne Michelin

Marie-Hélène Carlier

Isabelle Carrier

Florence Delclos

Odile Herrenschmidt

Claire de Montardy

Laurent Parienty

Tim et Léa sont une création
Bruno Le Sourd

ISBN 2.7105.0375.1
Dépôt légal : avril 1999
Photogravure : Planète graphique

 Imprimé et relié en C.E.
par *Partenaires-Livres* ®
Mai 2001